国家自然科学基金青年项目"面向系统效能的国家高新区创新脆弱性作用机理与优化调控"（编号：71602192）

国家高新区创新系统脆弱性评价与调控策略

解佳龙 周文婷 著

High-tech
Industrial
Development Zone

中国社会科学出版社

图书在版编目（CIP）数据

国家高新区创新系统脆弱性评价与调控策略 / 解佳龙，周文婷著. -- 北京：中国社会科学出版社，2025.1. -- ISBN 978-7-5227-3840-6

Ⅰ. F127.9；F204

中国国家版本馆 CIP 数据核字第 2024QF1591 号

出 版 人	赵剑英	
责任编辑	谢欣露	
责任校对	周晓东	
责任印制	郝美娜	

出　　版	中国社会科学出版社	
社　　址	北京鼓楼西大街甲 158 号	
邮　　编	100720	
网　　址	http://www.csspw.cn	
发 行 部	010-84083685	
门 市 部	010-84029450	
经　　销	新华书店及其他书店	
印　　刷	北京明恒达印务有限公司	
装　　订	廊坊市广阳区广增装订厂	
版　　次	2025 年 1 月第 1 版	
印　　次	2025 年 1 月第 1 次印刷	
开　　本	710×1000　1/16	
印　　张	11	
字　　数	165 千字	
定　　价	59.00 元	

凡购买中国社会科学出版社图书，如有质量问题请与本社营销中心联系调换
电话：010-84083683
版权所有　侵权必究

前　言

随着 20 世纪中叶美国硅谷奇迹般崛起之后，全球范围掀起一股兴办科技园区的热潮，日本筑波、英国剑桥、德国慕尼黑、韩国大德等地区争相效仿创建各类科技园。国际性的"硅谷热"也传到了中国，在国家"火炬计划"的引领和助推下，自 1988 年设立全国首个国家高新区——北京市新技术产业开发试验区以来，在我国经济版图上"177+1"个国家高新区先后分近二十批次建立，基本完成了全国范围内的空间布局。2022 年，国家高新区聚集了全国 35%的高新技术企业、50%的企业研发投入和 55%的企业研发人员，实现全国半数以上的企业发明专利，创造了全国 14.3%的 GDP，贡献了全国 13.6%的税收，在信息网络、人工智能、先进制造等领域呈现群体创新跃进态势，培育出华为、阿里巴巴、腾讯、小米等一批具有国际影响力的领军企业和世界级创新型产业集群。作为施行中国特色自主创新战略的人才、技术、产业、资本多元复合高地，国家高新区通过不断壮大自身创新经济规模和优化经济质量与效益，逐渐提高新兴经济在国民经济中的比重，由此带来产业结构调整和发展方式转变，有效地提升了区域科技实力乃至国家自主创新能力，成为我国建设创新型国家的核心载体和跻身世界创新型国家行列的亮丽名片。

21 世纪是创新引领发展的世纪，国家高新区创新有其理论必然性：国家高新区发展本身作为一个多创新要素构成的自组织系统，凭借内部力量建立耗散结构，由无序低级逐渐走向有序高级，大部分国家高新区目前正处于产业主导向创新突破的过渡期，园区创新系统协同形成的序参量推动其实现阶段转换；根据持续创新理论，国家高新区发展如逆水行舟不进则退，单次创新很容易被模仿超越，只有不断创新才是园区发展的保证。同时，国家高新区创新有其实践必要性，该问题已成为世界各国国家战略制定的重要考虑因素：美国国家创新战略明确提出"联邦政府要在投资基础创新领域发挥更重要作用，推动国家重点创新领域取得突破"，硅谷等科技园将成为高风险、长周期投资项目的最大受益者；德国"工业4.0"战略指出创新创业生态体系正在德国科技园孵化成型，强调将关联性创新主体集聚起来，培育有竞争力的行业上下游链条以及建立可持续的生态体系。韩国政府则将大德科技园视为"带领资源和资本缺乏的韩国成为科学技术强国的宝贵财产"，在制定的"创造经济"战略中，从增强国家研发和创新实力、推动软件和创意内容产业化、发展造福国民的科技和产业等细分战略角度，为韩国科技园指明了创新方向；在我国，国家高新区兼具创新与经济的双重功能，但创新是其存在的理由也是国家创新驱动战略实施的要求，在相应实施方案中对其培育战略新兴产业、转变发展方式、调整经济结构等创新驱动核心任务进行了重点说明，2013年8月，习近平总书记在大连高新区考察时强调："高新区正在稳步推进。高新区就是又要高又要新，高是高水平，新是新技术，要体现高新含量，不能搞粗放经营、什么'菜'都装进高新区的筐子里。"[①] 2020年7月，国务院印发的《关于促进国家高新技术产业开发区高质量发展的若干意见》（国发〔2020〕7号）明确提出"将国家高新区建设成为创新驱动发展示范区和高质量发展先行区"的新使命和新定位。为推动国家高新区的创新发展，国家各部委颁布支持国家高新区创新的产业政策50余项，全国地方政府结合区域特点出台配套政策千余项。

然而，与我国自上而下的高度关注、全力扶持相悖的是——在我国"遍地开花"的国家高新区中，相比世界性的创新"中心区"，能称之为"强"的却寥寥无几，面对从美国硅谷到日本筑波科学城降下的科技"铁幕"，国家高新区要成为支撑科技自立自强的创新高地还

---

① 《习近平：不能什么"菜"都装进高新区的筐子里》，人民网，http://politics.people.com.cn/n/2013/0829/c70731-22737953.html，2013年8月29日。

任重道远；国家高新区个体间的创新"马太效应"突出，沿海—内陆、发达—次发达城市等方向的创新极化空间叠加，甚至优势国家高新区与新晋国家高新区在部分创新指标上量级差显著，例如2021年中关村创造技术收入20419.4亿元，而通化高新区仅为663.8万元；优惠政策利导下的创新主体关联性偏弱，有的企业是由地方政府直接投资创办，使投入—产出表现出的创新要素"集聚不经济"突出，而且销售收入占比（78.4%）、劳动密集型或代工与装配企业占比普遍过高，与国家高新区的初始功能定位偏异较大；外资企业在电子信息、先进制造、生物工程等战略新兴产业影响较大，即便是我国国家高新区"领头羊"的中关村，先进制造技术领域外资企业总收入接近园区的一半，难以摆脱产业根植性弱的束缚，深陷产业"空心化"困境。这些压力要求国家高新区必须全面审视自身创新体系，建立一套科学系统的评价体系对国家高新区创新脆弱程度进行测度和评价，找准脆弱点并强化主体对创新环节的把控程度，探索降低创新脆弱性的方法以控制创新风险，从而实现国家高新区的持续性创新与高质量发展。

脆弱性作为复杂系统的三元属性之一，始终随着国家高新区创新系统存在，并不会因系统进化或外界环境变化而消失。本书系统梳理了国内外有关脆弱性研究成果发现，从脆弱性视角切入的创新评价研究较少，且样本覆盖面尚待提高。基于此，在理论层面界定了国家高新区创新脆弱性的概念，并充分考虑国家高新区创新系统的内部运作逻辑，抽象出其驱动机理的"压力—状态—响应"（PSR）关联模型；在实证层面以全国147个国家高新区为研究对象，建立综合评价指标体系，从宏观和微观两个层面对其创新脆弱性进行测度，通过Jenks最佳自然断裂分级法实现结果的差异化分段，并利用云模型进一步对测度结果分四个维度进行切片分析，同时对国家高新区创新系统各环节耦合协调度进行讨论，最后通过障碍度模型和最小方差法挖掘创新系统致脆关键因素和系统短板。

通过理论和实证分析，得出以下主要结论：第一，国家高新区创新系统总体脆弱性较高且不稳定，脆弱性分级结果呈"橄榄形"结构，位于两端的国家高新区创新脆弱性差异较大；第二，国家高新区创新 PSR 系统子脆弱性强弱差异显著，且在脆弱性分布上均表现出由沿海向内陆逐级增加的特征；第三，聚类分析验证了国家高新区创新系统脆弱性高低与战略定位、时间周期、发展路径、区位条件紧密相关；第四，国家高新区创新系统总体耦合协调性较好，PSR 子系统间联系紧密，且绝大多数国家高新区创新系统处于协调水平；第五，国家高新区创新系统致脆因素集中分布在压力层和响应层，且创新系统混合型短板数量由南至北逐渐递减，压力短板和响应短板分别集中在我国北部和南部地区。根据以上结论，提出了"一个中心、四项平衡"的国家高新区创新系统脆弱性内外综合调控思路，内部调控涵盖创新资源、创新主体、创新绩效、创新协同四个方面，外部调控包括创新政策、技术竞争、创新环境三大内容，并对各项调控措施的实施要点进行了阐述，以期控制国家高新区创新活动脆弱性扩散，提高其创新活动的成功率和适应能力。

本书研究属于区域经济、产业经济、集聚经济、创新管理等多学科的交叉集成领域，是发展经济学、城市与区域规划、管理科学、公共政策学等专业的学生理想的阅读教材，也是区域、产业、科技等创新管理方向师生的参考资料；是国家、地方党政、园区管委会负责人，城市规划、科技计划、环境建设等部门公务员，以及有志于地方行政管理的中青年、关心国家高新区发展的企事业单位研究人员可借鉴的书籍。

由于资料和学识所限，本书中的一些观点和论证难免有疏漏甚至错误之处，敬请广大读者、专家和同行学者批评斧正。

解佳龙　周文婷

2024 年 1 月于中南民族大学

目 录

第一章 国家高新区创新系统概述 … 1

第一节 创新驱动下国家高新区内涵剖析 … 1
一 创新驱动与高新区高质量发展 … 2
二 高新区概念的"三重属性"特征 … 6

第二节 国家高新区的发展定位与成长历程 … 9
一 国家高新区的"特区"定位 … 9
二 国家高新区的时空成长历程 … 15

第三节 国家高新区的创新系统建构 … 25
一 国家高新区创新系统概念界定 … 25
二 国家高新区创新系统主要特征 … 26
三 国家高新区创新系统构成要素 … 27
四 国家高新区创新系统运行机理 … 29

第四节 国家高新区创新系统相关研究 … 31
一 高新区创新发展研究 … 31
二 高新区创新评价研究 … 37
三 复杂系统脆弱性研究 … 39
四 研究评述 … 44

第二章 复杂系统下国家高新区创新脆弱性 … 45

第一节 复杂系统脆弱性 … 45
一 复杂系统脆弱性概念界定 … 45
二 复杂系统脆弱性经典框架 … 47

第二节　国家高新区创新系统脆弱性内涵 ·············· 49
　　一　国家高新区创新系统脆弱性概念界定 ············ 49
　　二　国家高新区创新系统脆弱性主要特征 ············ 50
第三节　国家高新区创新系统脆弱性原因分析 ············ 51
　　一　国家高新区创新系统的嵌入性 ················ 51
　　二　嵌入性视角下脆弱性原因分析 ················ 52
第四节　国家高新区创新系统脆弱性驱动机理 ············ 54
　　一　压力：驱动力 ·························· 55
　　二　状态：承载力 ·························· 56
　　三　响应：处置力 ·························· 57

第三章　国家高新区创新系统脆弱性评价 ·············· 58

第一节　国家高新区创新系统脆弱性评价指标设计 ·········· 58
　　一　评价指标选取原则 ······················ 58
　　二　评价指标体系构建 ······················ 59
　　三　指标体系质量检验 ······················ 62
第二节　国家高新区创新系统脆弱性实证测算 ············ 66
　　一　脆弱性评价模型构建 ···················· 66
　　二　脆弱性综合评价结果 ···················· 68
　　三　PSR 子系统脆弱性表现 ··················· 74
第三节　国家高新区创新系统脆弱性聚类分析 ············ 81
　　一　熵权云模型 ·························· 81
　　二　脆弱性多维聚类分析 ···················· 82
第四节　国家高新区创新系统耦合协调性分析 ············ 89
　　一　耦合协调性评价模型 ···················· 89
　　二　系统耦合协调性分析 ···················· 91

第四章　国家高新区创新系统致脆因素诊断 ·············· 95

第一节　国家高新区创新系统致脆因素识别 ············· 95
　　一　关键脆弱元的障碍度识别方法 ················ 95

二　创新系统致脆因素识别与分析 …………………… 96
　第二节　国家高新区创新系统短板分类分析 …………… 101
　　一　基于最小方差的短板分类过程 …………………… 101
　　二　创新系统短板分类结果与分析 …………………… 102

第五章　国家高新区创新系统脆弱性调控策略 ………… 112
　第一节　国家高新区创新系统脆弱性调控思路 ………… 112
　　一　警惕内生性与外源性风险冲击 …………………… 112
　　二　打造创新高地与发挥辐射效应 …………………… 113
　　三　识别致脆因子与补齐系统短板 …………………… 113
　　四　坚持科技创新与绿色发展并重 …………………… 113
　第二节　创新系统脆弱性的内部组织调控 ……………… 114
　　一　优化创新资源投入 ………………………………… 114
　　二　扩大创新主体规模 ………………………………… 115
　　三　提高技术创新绩效 ………………………………… 116
　　四　提升协同创新水平 ………………………………… 117
　第三节　创新系统脆弱性的外部环境调控 ……………… 118
　　一　抓住创新政策机遇 ………………………………… 118
　　二　防范技术竞争风险 ………………………………… 119
　　三　营造良好创新环境 ………………………………… 120

主要参考文献 ……………………………………………… 122

附　录 ……………………………………………………… 139

致　谢 ……………………………………………………… 166

第一章　国家高新区创新系统概述

国家高新区围绕科学发展主题和加快转变经济发展方式主线，在实施创新驱动发展战略中发挥了标志性引领作用，成为我国发展高新技术产业最主要的战略力量，其所构建的区域创新系统较好地推动了科技成果转化的实现。本章在厘清创新驱动与国家高新区高质量发展之间逻辑关系的基础上，剖析了国家高新区表现出的创新区、产业区、科技文化社区"三重属性"特征，在比较视阈下分析国家高新区的"特区"定位和"四类园区"建设定位，从时间序列和空间布局两个维度总结其成长历程，并结合国家高新区创新系统的概念与特征，阐释该创新系统的构成要素与运行机理，同时全面梳理了相关领域的主要研究成果，为下文的深入研究奠定了扎实理论基础。

第一节　创新驱动下国家高新区内涵剖析

从"向科学进军""科技是第一生产力"到科教兴国战略和建设创新型国家，再到实施创新驱动发展战略，我国牢牢把握科技进步大方向，坚持走中国特色自主创新道路。在面向世界科技前沿、经济主战场和国家重大需求的改革探索中，国家高新区在创新体制机制、转变发展方式、优化产业结构等方面取得显著成效，成为我国高新技术产业发展的一面旗帜和创新驱动发展的主阵地，为引领我国经济高质量发展提供了丰富经验。

一　创新驱动与高新区高质量发展

（一）创新驱动引领产业集群成势

人类发展史上经历了三次重大科技革命，每次科技革命都极大地促进了社会生产力的巨大飞跃，加速推进了世界现代化进程，历史证明依靠科技创新促进生产力水平的快速提升是一条普遍规律。当前科学技术已成为生产力中最活跃与最主要的推动力量，现代生产力的迅猛发展首先归功于科学技术的不断进步，同时也催生了许多广受瞩目的产业集群，如欧美的硅谷和生物医药集群、日本的汽车和半导体集群、印度班加罗尔的IT产业集群，这些产业集群已成为全球经济发展的重要支撑。

在应对错综复杂的国内外局势和深刻变化中，党的十八大强调要实施创新驱动发展战略，明确提出"科技创新是提高社会生产力和综合国力的战略支撑，必须摆在国家发展全局的核心位置"。2023年9月，习近平总书记在黑龙江省考察调研期间指出"整合科技创新资源，引领发展战略性新兴产业和未来产业，加快形成新质生产力"，首次提出了"新质生产力"这一重要概念，为全国推动生产力跃迁明晰了发展方向。"积极培育新能源、新材料、先进制造、电子信息等战略性新兴产业，积极培育未来产业，加快形成新质生产力，增强发展新动能。"① 2023年12月召开的中央经济工作会议提出，要以科技创新推动产业创新，特别是以颠覆性技术和前沿技术催生新产业、新模式、新动能，发展新质生产力。从"加快形成"到"发展"，更体现了中央对新质生产力的高度重视和深远谋划。新质生产力代表一种生产力的跃迁，是创新驱动在其中发挥关键作用的生产力，引领发展战略性新兴产业和未来产业，追求高效能、高效率、高质量，区别于依靠大量资源投入、高度消耗资源能源的生产力发展方式，是摆脱了传统增长路径、符合高质量发展要求的生产力，如图1-1所示。

---

① 《我国加快推动形成新质生产力》，光明网，https://politics.gmw.cn/2024-01/30/content_37118907.htm，2024年1月30日。

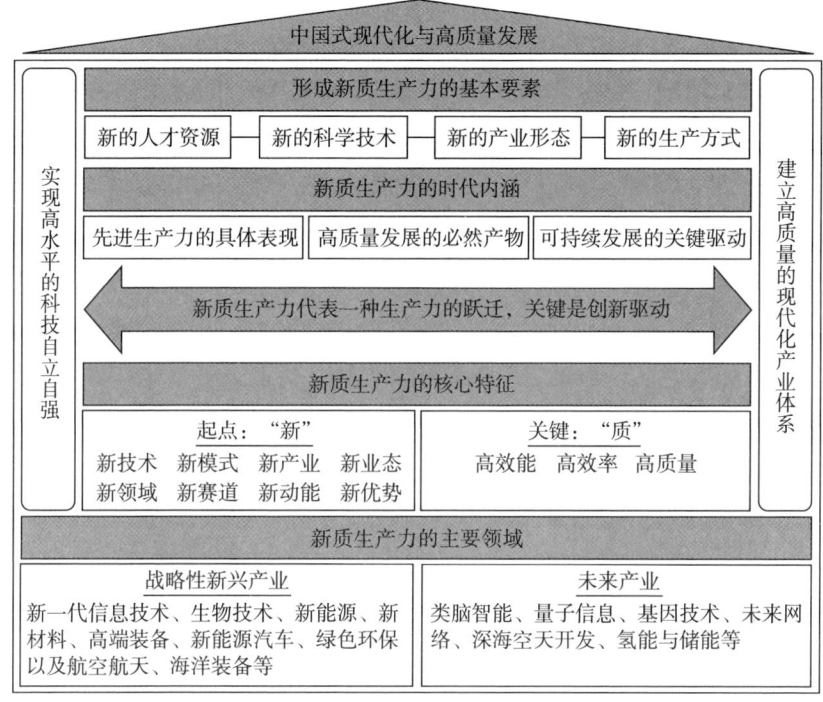

图 1-1 新质生产力的理论框架

注：根据中国生产力促进中心协会发布的新质生产力架构图和胡莹《新质生产力的内涵、特点及路径探析》，[《新疆师范大学学报》（哲学社会科学版）2024 年第 4 期] 研究成果综合绘制得到。

随着我国经济转型升级与改革开放的持续深入，产业集群化发展已成为新时代我国实施创新驱动发展战略、推动经济高质量发展的重要抓手。新一轮科技革命和产业变革与我国经济优化升级交汇融合，为我国培育与发展内需导向的创新型产业集群带来新的机遇与要求。作为一个极富中国特色的高新技术产业集聚区域，国家高新区积极对标创新驱动发展示范区和高质量发展先行区的历史使命，在充分吸收借鉴国外先进科技资源、资金和管理手段基础上，以智力密集、技术密集与开放环境条件为依托，主要凭借国内的科技与经济实力，通过实施高新技术产业的优惠政策和改革措施以优化局部软硬环境，最大限度促成科技成果转化为现实生产力，从而打造以城聚产、以产兴城的产城融合新高地。国家高新区牢牢把握"高"和"新"发展定位，围绕产业链部署创新链、围绕创新链布局产业链，深度整合了一批从事一种或多种高新技术及其产品的研发、生产和技术服务的企业，不断增强科技创新策源能力，推动创新链与产业链实现深度融合。恰恰新质生产力的本质，就是科技创新在高新技术产业中发挥主导作用，产生高效能、高效率、高质量的生产力，因此国家高新区是新质生产力最具优势和最具基础的"诞生地"。

（二）为中国式现代化贡献"高新力量"

国家高新区是我国自主创新和高新技术产业发展的重要载体，成功探索出了一条"科学—技术—创新—产业"的内生发展道路，推动了科技与经济的紧密结合，积累了促进高新技术产业发展的宝贵经验，在前沿技术、颠覆性技术及其产业化方面取得显著成就和突出优势，为中国式现代化建设做出重大贡献。在我国发展新质生产力所期望实现的高水平科技自立自强和高质量现代化产业体系目标下，创新高地和产业高地是国家高新区贡献"高新力量"最闪亮的标签。

1. 创新高地：创新资源集聚增强创新策源能力

国家高新区聚焦国家战略需求，持续集聚了诸多高水平基地平台，1200余所各类高校和4400余家研究院所在此落户，全国重点实验室、国家制造业创新中心、国家技术创新中心等国家级创新平台分别占全国的80%、70%和78%，国家石墨烯创新中心、大亚湾中微子实验室、国家基因库等一批重量级创新平台也相继建成。[①] 国家高新区各类创新型人才持续汇聚，两千余万从业人员中本科以上学历人数占比超40%，每万名从业人员中R&D人员全时当量是全国的近15倍。同时，国家高新区也是我国天使投资和风险投资最活跃的地区，集聚了9469家创业风险投资机构和6759家科技金融服务机构，很好地发挥了对科技创新的引领支持作用。国家高新区企业持续加大科技研发与创新的经费支持力度，R&D经费投入规模十年增长了4倍，

---

① 《178家：国家高新区以创新"变量"释放发展"增量"》，新华网，http://www.news.cn/2023-12/21/c_1130038746.htm，2023年12月21日。

2021年首次超过1万亿元，占全国企业R&D经费投入的一半。① 创新资源的高度集聚极大增强了国家高新区的创新策源能力，在信息网络、人工智能、生物技术、清洁能源、新材料和先进制造等领域涌现出一批引领性原创成果，高铁、北斗导航、大飞机和5G等国家战略领域取得重大突破；国家高新区的企业发明专利有效量和PCT国际专利申请量均占全国的一半，每万名从业人员拥有的发明专利达421项，超过全国平均水平12倍。②

2. 产业高地：涌现一批硬核科技企业和高端产业

国家高新区高新技术企业数量十年增长了6倍多，现已达11.5万家，占全国认定高新技术企业总数的35%，并汇聚了超过1/3的科技型中小型企业和2/3的科创板上市企业，营业收入超百亿元、超千亿元的创新型企业加快聚集，华为、腾讯、宁德时代等头部企业锐意创新，大疆、科大讯飞、海康威视等科技领军企业厚积薄发，一批具有世界影响力的高新技术企业持续发展壮大。③ 同时，国家高新区的高端产业集群也在加速崛起，六大类高技术制造业中有五类占全国比重超过30%，中关村新一代信息技术、武汉东湖光电子、上海张江集成电路、天津风能产业等产业规模分别占全国的17%、50%、35%和30%，生物医药、智能制造、新材料、新能源等特色产业聚集效应日益明显，5G、人工智能等数字经济蓬勃发展；国家高新区也成为开辟新赛道、打造未来产业的主阵地，智能机器人、卫星导航、细胞与基因治疗等领域的一些新业态都在高新区加速产业化。④

---

① 赵永新、谷业凯：《十年生产总值增长二点八倍：国家高新区实现高质量发展》，人民网，http://cpc.people.com.cn/n1/2022/1201/c64387-32578297.html，2022年12月1日。
② 《国家高新区成高质量发展尖兵》，中国经济网，http://paper.ce.cn/pc/content/202204/12/content_252115.html，2022年4月12日。
③ 《工业和信息化部举行新闻发布会，介绍今年以来国家高新区推进新型工业化有关情况》，工信微报，https://www.miit.gov.cn/gzcy/zbft/art/2023/art_45a98942ez0a4d28aab853a0a8d36361.html，2023年12月12日。
④ 赵永新、谷业凯：《十年生产总值增长二点八倍：国家高新区实现高质量发展》，人民网，http://cpc.people.com.cn/n1/2022/1201/c64387-32578297.html，2022年12月1日。

二 高新区概念的"三重属性"特征

"高新区"的概念最初源自美国斯坦福研究园（Stanford Research Park），1951 年由被尊称为"硅谷之父"的斯坦福大学副校长弗雷德里克·特曼（Frederick E. Terman）将靠近帕洛阿尔托的 579 英亩校园用地划出来，创建了世界首个集研究、开发、生产与销售于一体的科技产业园，园区经过多年发展慢慢向南延伸形成了今天的硅谷。科技产业园的概念区别于传统的工业区或工业集聚区，以斯坦福研究园为代表的科技产业园是"产学研结合"发展模式的雏形来源，其经典意义在于保护师生科研成果，通过将新技术和产品商业化以促成科技到生产力的转变。早期兴办科技产业园的成功实践也为后来各国创建科技园和高新区提供了很好的概念源头与现实参照。

世界各国高新区呈现千姿百态，名称也不尽相同，与高新区类似的称谓还有技术园（Technology Park）、创新园（Innovation Park）、研究园（Research Park）、大学园（University Park）、高技术产业区（High-Tech Industrial Zone）以及技术城（Technopolis）等。上述多种称谓的不同是因各国表述习惯、空间规模、功能指向等差异所致，然而这些形形色色的命名方式并没有遵循某种严格的划分标准。在现有研究成果中，中国科学院资深专家陈益升研究员（1997）的观点最为鲜明清晰，在其论著中比较了园、区、带三种基本高新技术空间形态的关系，认为园是区和带发展的起点，构成了区和带的基本单元，而区和带是园的外延扩展，是园进化的结果，三者的关系反映了高技术及其产业化的空间扩散和创新链的序列推进过程，如图 1-2 所示。

我国高新区建设的早期思想也充分吸取了国外创办科技产业园的实践经验，但受成长阶段性与区域条件差异的影响，我国自 1988 年批准首个国家高新区以来，便确立了"发展高科技，实现产业化"的战略方向，使国家高新区创建兼具创新区和产业区开发的特点，其中依托创新网络形成的创新区使高新区具有旺盛的生命力和很强的区域黏性，而产业区由高新技术产业本身的空间区位选择特性所决定，在高新技术产业内在聚集动力作用下高新技术企业和相关机构源源不断向园区汇集。随着国家高新区产城融合进度的快速推进，由高科技人

空间形态	园	区	带
常用称谓	科学园 研究园 技术园 工艺园 大学园 创新园	科学开发区 高技术产业区 高技术产品出口加工区	科技工业带 高技术产业带 高技术经济带
	科学城	技术城	
区位依托	大学 科研院所 孵化器	智力密集区 工业基地 沿海城市	中心城市密集地域 高技术企业聚集地带 交通干线、海岸线、 江河入海口
地域范围	平方米—平方千米	平方千米—百平方千米	百平方千米以上
基本功能	以R&D（技术、产品） 为主转化科技成果	R&D、生产、销售、 服务一体化发展高 技术产业	以生产制造、营销服 务为主振兴地区经济
国际实例	斯坦福研究园 剑桥科学园 海德堡技术园 佛罗里达创新园	北卡罗来纳州三角园区 新加坡科学园区 的里亚斯特科学园区 林彻平科学园区	美国硅谷 波士顿128号公路带 英格兰M4科创走廊 苏格兰硅谷
	新西伯利亚科学城 筑波科学城 中关村科学城	安蒂波利斯科技城 法兰西岛科学城 坎皮纳斯科学城	熊本技术城 广岛技术城 巴里技术城

图 1-2 园、区、带三种高新技术空间形态比较

群组成的一个相对独立的社会实体在国家高新区内发生各种社会关系和活动，其科技文化社区的空间属性特征越发凸显。科技文化社区同一般社区相比，其构成人群具有高文化素质、高技术水平、高创新能力，文化背景、制度环境、环境语言和交易规则等相同或相近，围绕创新创业的互动和相互关系频繁发生，并且鼓励创新创业和容忍失败的社区理念和文化氛围浓厚，生活环境也比较时尚和开放，从而这种空间属性特征更利于生成特有的文化和实现社会资本累积以促进创新。值得一提的是，三者相互交叉、相互重叠、相互作用，产业区是创新区的基础和条件，在产业区基础上通过创新要素聚集和创新能力建设，就可将产业区提升为创新区，而科技文化社区是创新区和产业区发展的必然结果，并对创新区和产业区发挥着社会关系网络的支持作用，如图 1-3 所示。

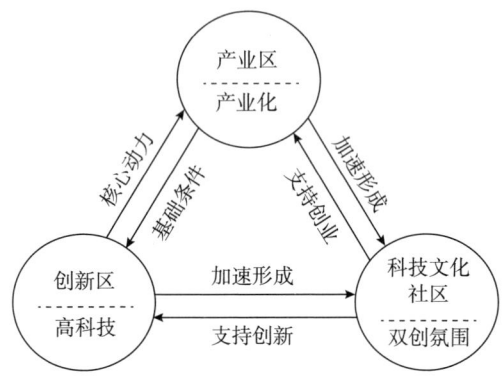

图 1-3　国家高新区"三重属性"的关系

因此，在界定我国高新区概念时应把握创新区、产业区和科技文化社区"三重属性"特征，即：作为创新区的价值，增强国家与区域创新实力；作为产业区的价值，推动高新技术产业发展壮大；作为科技文化社区的价值，营造良好的创新创业氛围。借鉴工业和信息化部火炬中心与中国高新区研究中心的相关表述，将国家高新区界定为"经中华人民共和国国务院批准成立，由一些知识密集、技术密集的大中型城市和沿海地区创建，以母城拥有的科技禀赋与开放环境为依托，选择适当地址并划出一定区域，在充分吸收与借鉴国际先进科技资源、资金与管理手段基础上，通过实行特殊政策和营造适宜氛围以局部优化'双创'软硬环境，以期最大限度地实现科技成果的商品化、资本化、产业化与国际化，并发挥高新技术项目孵化与辐射作用的国家级科技工业园区"。

随着《国家高新技术产业开发区创新驱动战略提升行动实施方案》（国科发火〔2013〕388号）和《国务院关于促进国家高新技术产业开发区高质量发展的若干意见》（国发〔2020〕7号）的陆续发布和推进，我国多数高新区在打造经济"升级版"的宏观环境下亟须从重视数量转向提升质量，从规模扩张转向结构升级，从要素驱动转向创新驱动，发挥国家创新改革试验先行先试的载体功能，引领我国积极参与国际经济科技新秩序的重构。值得一提的是，2023年3月国务院机构改革将指导高新区建设的职责划入工业和信息化部,旨在加强产业资源和要素的整合,强化产业组织创新和地方经济融合发展,加快实现影响我国产业发展的关键技术突破,从而实现多链融合下产业资源的高效配置与产业链竞争力的整体提升。可见,国家在确保高新区"科技角色"不弱化的同时,更精准务实地围绕产业发展需求推进科技创新,在加速创新链与产业链深度融合中实现"产业区"与"创新区"的价值。

第二节 国家高新区的发展定位与成长历程

一 国家高新区的"特区"定位

(一)比较视阈下的国家高新区定位

我国经过40多年的改革开放实践探索,现已基本形成了由经济特区、沿海经济开放区、国家级新区、经济技术开发区、高新区、综合保税区、自由贸易试验区、边境经济合作区、国家自主创新示范区、国家综合配套改革试验区、产城融合示范区等组成的多维"特区"格局。需要强调的是,这里所用"特区"并非经济特区的简称,而是侧重"特殊区域"含义,指享有国家特殊待遇的空间范畴。这种多维区域格局与生态群落的时空位置及其功能关系较为类似,在国家顶层战略的高度统筹谋划下,不同"特区"受到政治、经济、技术、自然等多种因素的影响,表现出独特的群落生境与价值功能,如表1-1所示。

表1-1 我国国家级"特区"的主要类型及功能定位

类型	首设时间	功能定位	数量(个)
经济特区	1980年	"四个窗口":技术的窗口、管理的窗口、知识的窗口、对外政策的窗口	7

续表

类型	首设时间	功能定位	数量（个）
经济技术开发区	1984年	"三为主，二致力，一促进"：以提高吸收外资质量为主，以发展现代制造业为主，以优化结构为主，致力于发展高新技术产业，致力于发展高附加值服务业，促进园区向多功能综合性产业区转变	230
沿海经济开放区	1985年	扩大对外开放，拓展同世界各国的经济技术合作；加快沿海带动内地发展，使沿海与内地优势互补、相得益彰	6
国家高新区	1988年	具有重大引领作用和全球影响力的创新高地，培育和发展战略性新兴产业的关键载体，转变发展方式和调整经济结构的重大引擎，建设创新型国家和世界科技强国的重要支点	178
综合保税区	1990年	促进贸易自由化和便利化、外商投资、产业升级和转型、国际合作和交流等	156
国家级新区	1992年	承担国家重大发展和改革开放战略任务，并基于资源禀赋、区域地位和国家战略需要，国务院对其战略定位各有侧重	19
边境经济合作区	1992年	依托资源、地缘、政策优势，实施开放开发；以经济合作、旅游为先导，以出口加工为重点，促进边境地区经济社会发展	18
国家综合配套改革试验区	2005年	探索建设和谐社会、创新区域发展模式、提升区域乃至国家竞争力的新思维、新思想、新路径、新模式和新道路，为全国经济、政治、文化和社会各方面的体制改革提供新的经验和思路	12
自主创新示范区	2009年	在进一步完善科技创新体制机制、加快发展战略性新兴产业、推进创新驱动发展、加快转变经济发展方式等方面发挥重要引领、辐射、带动作用	23
自由贸易试验区	2013年	是自由港的延伸，吸引外资设厂，发展出口加工企业，允许和鼓励外资设立大的商业企业、金融机构等，促进区内经济综合、全面发展	22
产城融合示范区	2016年	加快产业园区从单一的生产型园区经济向综合型城市经济转型，为新型城镇化探索路径，发挥先行先试和示范带动作用	58

注：表中数据根据各官方网站披露的信息资料整理得到，统计时间截至2023年底；国家级"特区"类型按照首设时间的先后顺序排列；自由贸易区仅统计境内数量。

值得注意的是，近年来"特区"类型及其数量大幅增长使"特区"功能网格密度急剧增加，不同类型间的功能边界日益模糊，加之部分国家高新区成为地方 GDP 的主要贡献力量，导致过于仓促地做规划、征土地、扩园区、上项目，并未认真梳理和深入分析国家高新区的战略定位、主导产业、建设路径等重要问题，从而出现很多国家高新区分类不清、定位不明、产业同质等不良现象，偏离了国家高新区建设的初心使命，最终同其他类型"特区"生态位的重叠区域不断增加，有悖于自然选择下的生态位分化规律，这种逆向演化态势与国家创设高新区的战略意图明显不符，如图1-4所示。

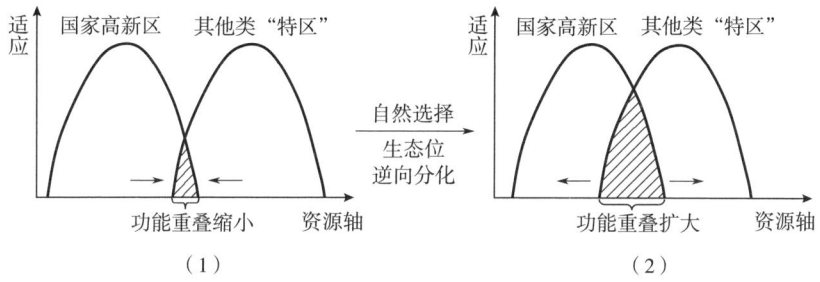

图1-4　国家高新区生态位逆向分化过程

衡量国家高新区同其他类"特区"生态位的功能重叠区域大小，直接关系着国家高新区有别于其他类"特区"的特征问题，更关系着国家高新区创新体系和现代产业体系建设的主要方向问题。只有彻底厘清国家高新区的功能定位，才能围绕如何促进基本功能的发挥来审视园区进一步发展存在的生态位重叠障碍。国家最初设立高新区是为了解决科技与经济"两张皮"问题，说到底国家高新区就是一个具有高新特色的创新创业综合体，是培育和壮大高新技术产业的综合性基地。所以，加速科技成果落地转化的孵化功能是国家高新区的立足之本和基本功能，目前国家高新区聚集了全国43%的国家备案众创空间、56%的国家级科技企业孵化器和972家科技企业加速器，构建了"众创空间→孵化器→加速器"的完整孵化链条，一大批自主创新能力强、具有国际竞争力的企业持续涌现，成为新时代参与国际高端产业分工的引领者。习近平总书记先后20余次考察国家高新区，强调高新区是科技的集聚地，也是创新的孵化器。[①] 我国著名经济学家吴

---

① 赵永新、谷业凯：《十年生产总值增长二点八倍：国家高新区实现高质量发展》，人民网，http://cpc.people.com.cn/n1/2022/1201/c64387-32578297.html，2022年12月1日。

敬琏（2002）也曾指出："很多人认为高新区是高新技术的创新中心、高新技术产业的创业基地、新型企业家的摇篮，其中第二点很关键，创业基地的这种提法同硅谷人的说法有些相近，他们说硅谷是创业企业的栖息地"，足见国家高新区的成长以企业孵化功能为核心带动，而我国高新区在研发孵化方面较比"科学→技术→创新→产业"的内生发展之路存在明显演化偏差，因而出现如图 1-4 所示的状况也在情理之中。

以国家高新区建设过程中最易混淆的经济技术开发区为例进行功能比较，经济技术开发区是一种依靠外部力量驱动的外生型城市空间，其创设目的旨在通过营造优越的招商引资环境实现"引进来"和"走出去"双管齐下，功能同出口加工区和自由贸易试验区的混合体更相似，表现出较鲜明的扩散型"经济飞地"特性。相比之下，国家高新区是一种依托内生变量驱动的内生型产业集聚区，其创设目的是通过优化局部软硬件环境以聚集开发智力资源，推动科技创新提速和科技成果转化，孵化出更多具有竞争优势和成长潜力的高新技术企业，并造就一批优秀的科技创新企业家，最终实现科技创新与实体经济深度融合发展。可见，两类"特区"都在遵循贯彻国家战略布局安排，但在功能定位、驱动力量和建设特色等方面仍有较大差异，因此"特区"分工明确的战略意图成为国家高新区创新治理的重要参照与衡量标杆。

（二）我国"四类园区"建设定位

为了在国家高新区内部进一步细分小生境，实行"区别对待，分类管理"，科技部火炬中心提出了分类指导与建设的发展思路。世界一流高科技园区是最早被明确提出的细分类型。2006 年 6 月，以北京、上海、深圳、西安、武汉、成都为代表的国家高新区在科技部火炬中心指导下，共同签署发表了《建设世界一流科技园区创新宣言》，明确提出"要高举自主创新的旗帜，加快'二次创业'，做自主创新的倡导者、践行者和示范引领者，担当建设创新型国家的先锋，努力向世界一流高科技园区迈进"。2008 年科技部印发《关于建设国家创新型科技园区指导意见》（国科发火〔2008〕152 号），强调创新型科技园区要重视建设促进知识经济发展的社会环境,重视创新资源在园区的集聚;建立新的产业发展导向,重视产业的内生性技术创新,培育并发展能够高效收获创新价值的企业群体,发展紧密关联的产业集群、创新集群,促进产业价值形态向高端转移。2010年科技部发布《关于印发创新型特色园区建设指南的通知》(国科发火〔2010〕244号),旨在在园区定位、产业选择、发展模式和发展路径上打造具有特色鲜明的国家高新区,这有利于突出和发挥地方优势,整合内外资源实现集成创新,探索具有区域特色的高新技术产业发展模式与路径。2013年《国家高新技术产业开发区创新驱动战略提升行动实施方案》(国科发火〔2013〕388号)全面明确提出了"三类园区"的建设构想与战略提升行动目标,为"三类园区"建设指明了具体方向,至此我国国家高新区正式迈入世界一流高科技园区、创新型科技园区和创新型特色园区①的"三类园区"分类指导管理体系阶段,各类园区建设的具体目标如表1-2所示。这种分步骤、有侧重的建设方式是我国从创新型国家建设的整体战略出发,对创新型国家建设的区域中枢和战略支撑点进行重新布局的重大举措,对全面推动国家高新区在"自主创新"道路上发展发挥了战略性牵动作用。

表1-2　　我国"三类园区"战略提升行动目标要点

行动目标	世界一流 高科技园区	创新型 科技园区	创新型 特色园区
企业研发投入占销售收入比重	8%	—	—
硕博学历的从业人员比重	20%	8%	25% (本科及以上学历)

---

① 世界一流高科技园区(10家):中关村、上海张江、武汉、深圳、成都、西安、杭州、合肥、广州、苏州工业园;创新型科技园区(18家):天津、长春、大庆、常州、无锡、苏州、宁波、厦门、济南、青岛、淄博、潍坊、威海、郑州、洛阳、长沙、中山、宝鸡;创新型特色园区(29家):石家庄、保定、包头、大连、南京江宁、江阴、无锡宜兴环保园、武进、昆山、常熟、泰州、蚌埠、烟台、安阳、襄阳、宜昌、荆门、株洲、湘潭、佛山、惠州、江门、南宁、桂林、柳州、泸州、昆明、安康、乌鲁木齐。

续表

行动目标	世界一流 高科技园区	创新型 科技园区	创新型 特色园区
归国留学人员和外籍常住人员占从业人员比重	3%	—	—
国家级研发机构数量	100家	50家	20家
万人年新增发明专利授权数量	40项	25项	—
国家级创新服务机构数量	100家	50家	20家
经认定高新技术企业占企业总数比重	—	35%	30%
服务收入占营业收入比重	50%	35%	25%
拥有产业集群类型及数量	2个具有国际影响力创新产业集群	2个国内领先创新产业集群	2个国内有重要影响力产业集群
拥有企业规模及数量	2家超千亿元或4家超500亿元企业	2家超300亿元或4家超100亿元企业	2家超100亿元或4家超50亿元企业

注：表中数据为2020年底的绩效指标，其中"—"表示未针对该项做目标说明。

资料来源：根据《国家高新技术产业开发区创新驱动战略提升行动实施方案》整理得到。

在向2021年9月召开的"2021中关村论坛"视频致贺中，习近平总书记指出，中国支持中关村开展新一轮先行先试改革，加快建设世界领先的科技园区，为促进全球科技创新交流合作作出新的贡献[①]，我国高新区锚定世界领先科技园区的发展定位首次被明确提出。中关村管委会于2021年11月发布的《"十四五"时期中关村国家自主创新示范区发展建设规划》强调，到2025年率先建成世界领先的科技园区，为北京形成国际科技创新中心提供有力支撑，并从新经济制度环境、自主创新能力、全球价值链位势、创新创业生态、国际创新合作等方面设定了具体目标，并围绕这五个维度明确了如表1-3所示的15项发展指标。2022年9月科技部发布的《"十四五"国家高新技术

---

① 光明日报调研组：《推动高水平科技自立自强行稳致远——北京中关村建设世界领先科技园区的实践探索》，光明网，https://m.gmw.cn/baijia/2023-01/13/36298821.html，2023年1月13日。

产业开发区发展规划》（国科发区〔2022〕264号）提出，支持有条件的国家高新区分类建设"世界领先科技园区、具有世界影响力的高科技园区、创新型科技园区、创新型特色园区"四类园区，至此我国开启了新版的四大类国家高新区分类指导体系。这次调整保留了创新型科技园区和创新型特色园区两类建设方向，结合我国创新驱动发展战略部署和领跑高新区建设状况，将原"三类园区"中世界一流高科技园区进一步细分为世界领先科技园区和具有世界影响力的高科技园区两类，目前仅有中关村明确提出了前者的建设目标。

表1-3　　　　中关村示范区"十四五"时期发展指标

类别	指标	指标单位	2025年目标值
创新能力	研究与试验发展（R&D）经费支出占增加值比重	%	12左右
	每万名从业人员发明专利拥有量	件	1000左右
	每万名从业人员拥有研发人员数	人	1400左右
	技术收入占总收入比重	%	30左右
产业发展	企业总收入年均增速	%	8左右
	全员劳动生产率	万元/人	45左右
	地均总收入	亿元/平方千米	205左右
	数字经济增加值年均增速	%	10左右
创新创业生态	*上市公司数	家	500左右
	新注册科技型企业数	家	30000左右
	独角兽企业数量	家	>100
	本科及以上从业人员占比	%	65左右
开放协同	技术合同成交额	亿元	6200左右
	企业PCT专利申请量	件	10000左右
	*企业和社会团体牵头参与制定国际标准累计数	项	700左右

注：标注*为累计数；指标均为预期性指标。

资料来源：根据《"十四五"时期中关村国家自主创新示范区发展建设规划》整理得到。

二　国家高新区的时空成长历程

自1988年中关村率先获批建设以来，我国国家高新区现已形成

"177+1"的大格局,其中"+1"是指苏州工业园自2007年纳入国家高新区管理序列,但仍属于商务部主管的经济技术开发区。国家高新区基本完成了最初设定的"示范、引领、辐射、带动"建设目标,实现了"工业园→科技园区→创新经济体"的战略转型,其个体的阶段演化特征在总体发展历程上得到了很好体现,呈现出集群生命周期成长的典型规律,这种变化又集中反映在时间与空间的横纵向交汇上。

(一)基于时间序列的发展历程

现有研究成果基于不同视角描述了我国国家高新区的时间发展历程,划分标准大体可归为成长阶段特征、关键事件节点和园区数量扩张三类。其中,第二种划分方法使用频率最高,以重大历史事件为划分依据,既能体现国家高新区的成长特点,又能反映国家战略部署的变化,因此参照图1-5的国家高新区发展轴线上重要事件,采用第二种标准将我国国家高新区的发展历程分为"酝酿创建""一次创业""二次创业""三次创业"四个时期(见图1-6)。值得一提的是,我国有的国家高新区经过"一次创业"与"二次创业",正阔步迈向"三次创业",而有的国家高新区还处于"一次创业"向"二次创业"的转型期,可见我国国家高新区正处于"一次创业""二次创业""三次创业"同步并存发展的特殊时期。

1. 第一阶段(1985—1991年):国家高新区"酝酿创建"

我国国家高新区的酝酿创建从我国提出创办科技工业园到构成国家高新区政策基石的文件出台,时间跨度大体为20世纪80年代中期到90年代初期,起始标志事件是1985年全国第一个高新区"深圳科技工业园"创立,结束标志事件是1991年第一批国家高新区获批建立。这一阶段的突出特点是国家"火炬计划"点燃了我国"发展高科技,实现产业化"的星星之火。

1985年3月,中共中央作出的《中共中央关于科学技术体制改革的决定》(中发〔1985〕6号)中指出,要在若干智力密集区形成不同特色的新兴产业开发区。随后国家科学技术委员会向国务院和中央财经领导小组提出《关于支持发展新兴技术产业的请示》,提出试办高新区的设想。1985年7月,中国科学院与深圳市政府联合创办了我

第一章 国家高新区创新系统概述

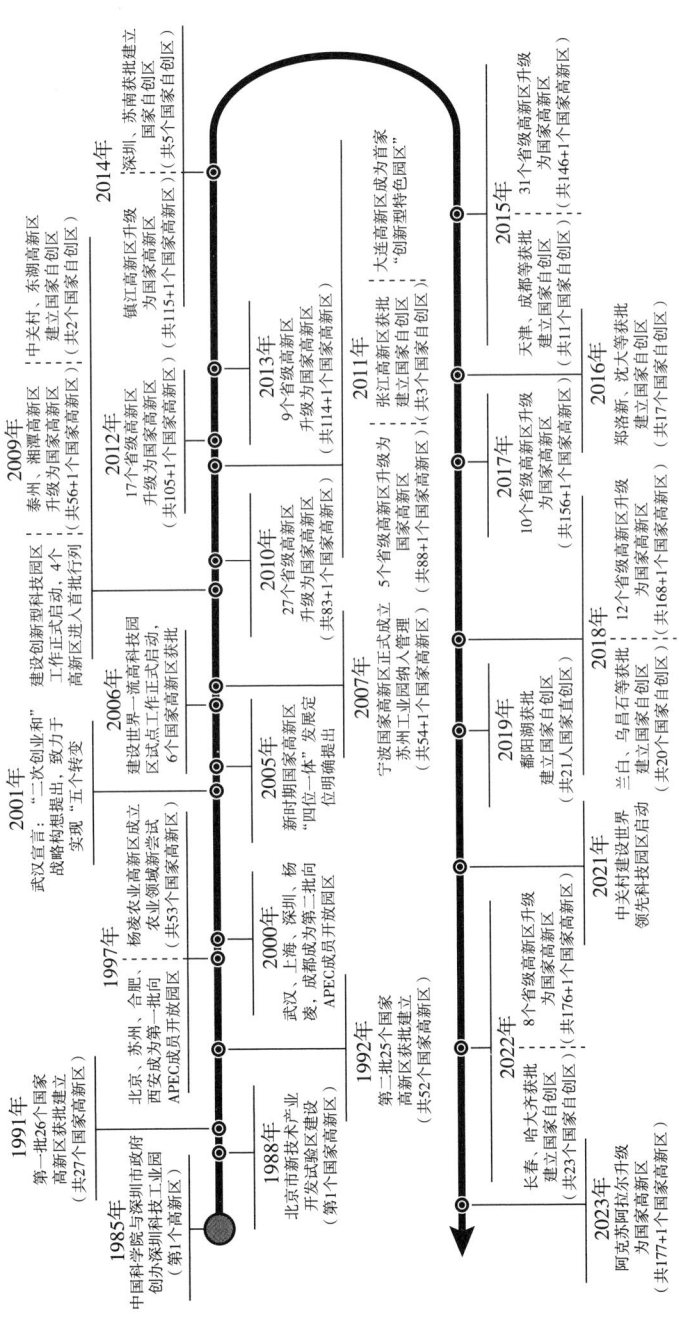

图1-5 我国国家高新区发展的时间轴线

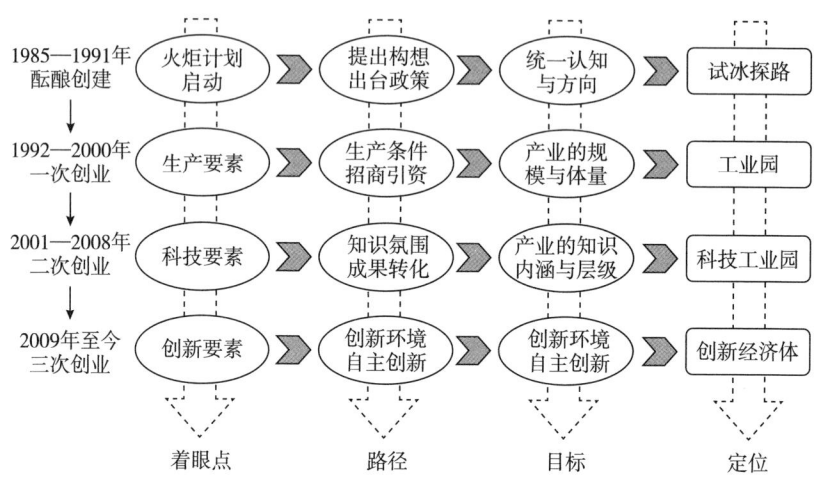

图 1-6　我国国家高新区发展的时间轴线

国第一个高新区"深圳科技工业园"。1988年5月，在北京中关村电子一条街的基础上，国务院批准建立第一个国家高新区——"北京市新技术产业开发试验区"，奠定了我国国家高新区发展的基础。1988年8月，国家高新技术产业化发展计划——"火炬计划"开始实施，明确将兴办高新区、高新技术创业服务中心列入"火炬计划"重要内容。在"火炬计划"的推动下，全国许多省市纷纷效仿北京高新区，结合地区特点和条件积极创办高新区。1991年3月，国务院在全国37个地方兴办高新区的基础上，批准建立了第一批26个国家高新区，同时颁布了一些构成国家高新区政策基石的文件，如《国家高新技术产业开发区高新技术企业认定条件和办法》《国家高新技术产业开发区若干政策的暂行规定》《国家高新技术产业开发区税收政策的规定》。至此，拉开了我国创办国家高新区的序幕，开始探索试水创新发展道路。

2. 第二阶段（1992—2000年）：国家高新区"一次创业"

我国国家高新区的"一次创业"指从20世纪90年代初期全国范围内的高新区初步建立到2000年前后，其结束标志事件是国家高新区基本形成了完整的形态和支撑产业发展的条件，科技部在2001年适时提出"二次创业"战略构想。"一次创业"阶段的国家高新区承载了优先发展"工业化"的历史使命,其首要目标是发挥生产要素优势,在中央和地方政府优惠政策的吸引下,人才、技术、资本等生产要素纷纷涌入。通过打造生产硬条件(如"七通一平")和招商引资快速提升产业规划和体量,规模不断壮大,主导产业形成,打破工业基础薄弱的困境。

1992年邓小平南方谈话后,我国由沿海向沿江、沿边和内陆省会城市,掀起建设国家高新区的热潮。1992年11月,经国务院分析和论证,又批准设立了第二批25个国家高新区。1995年5月,中共中央、国务院发布《关于加速科学技术进步的决定》,提出"稳住一头,放开一片"的改革方针,推进科技系统调整结构、分流人才,培育发展技术市场和信息市场,大力发展民营科技企业。1997年6月,在全国高新区蓬勃发展的基础上,为加快新技术在农业领域的研究与应用,国务院批准在北方农业科技、教育实力最密集的陕西杨凌建立国家农业高新区。至此经国务院批准的国家高新区达53个,此后十年间国家高新区数量一直保持相对稳定。按当时经济发展统计,53个国家高新区2000年聚集科技型企业约2.1万家,技工贸总收入达9209亿元,平均年增长率为67.8%[①],取得了明显的建设成效,但也存在产业结构雷同、产业集群化水平较低、技术创新软环境建设滞后等问题。

3. 第三阶段(2001—2008年):国家高新区"二次创业"

"一次创业"阶段国家高新区的高新技术产业多数处于价值链低端,有"躯体"、无"头脑"的园区形态束缚着国家高新区做强。于是,2001年9月在纪念邓小平"发展高科技,实现产业化"题词十周年暨国家高新区市长座谈会上,科技部根据国家高新区最新建设状况和时代发展需要,提出了以科技要素为着眼点的"二次创业"战略构想,国家高新区从此由"一次创业"步入"二次创业"阶段,使

---

① 《国家高新技术产业开发区"十五"和2010年发展规划纲要》,中华人民共和国科学技术部,https://www.most.gov.cn/zxgz/gxjscykfg/wj/200203/t20020315_9008.html,2002年3月15日。

国家高新区开始真正走向"科技工业园"的发展内涵和目标定位。该时期突出以内涵式增长为主，由以集聚为主转向创新为主，由求生存转向求发展。随着国家高新区"二次创业"的逐渐深入，2006年1月温家宝同志提出国家高新区在新时期的"四位一体"功能定位，指出"国家高新区建设正步入一个新的阶段，面临着以增强自主创新能力为重点的第二次创业"[①]。同月，中共中央、国务院作出《关于实施科技规划纲要增强自主创新能力的决定》，重申推进国家高新区以增强自主创新能力为核心的"二次创业"。

在"二次创业"发展战略得到党中央、国务院认可后，2007年4月科技部发布的《国家高新技术产业开发区"十一五"发展规划纲要》（国科发火字〔2007〕146号）首次提出国家高新区发展要坚持"六大原则"，实现"五个转变"，做好"四个提升"，建成"三类园区"，而这些正是国家高新区"二次创业"发展战略的具体细化。在长达八年的"二次创业"阶段，新批复的国家高新区也只有2007年成立的宁波国家高新区一个，国家高新区总数增至"54+1"个，2008年营业总收入突破6.6万亿元，在国际金融危机中发挥了经济稳定器的作用。

4. 第三阶段（2009年至今）：国家高新区"三次创业"

2008年国际金融危机爆发后，我国经济社会发展的环境条件发生巨大变化，新技术革命与我国大规模市场的交汇融合引发了众多新业态、新模式，并且各国家高新区创新建设"多而不强""马太效应"现象显著，"奥尔森困境""要素集聚不经济"问题仍严重，高新产业"空心化"、创新活动与初始功能定位偏异较大也严重制约着国家高新区的创新发展，这些内生性和外源性压力要求国家高新区必须全方位审视自身创新体系的健全程度。

2013年3月，科技部印发了《国家高新技术产业开发区创新驱动战略提升行动实施方案》（国科发火〔2013〕388号），提出到2020

---

① 《温家宝在全国科学技术大会上的重要讲话（摘要）》，中央政府门户网站，https://www.gov.cn/ldhd/2006-01/12/content_157093.htm，2006年1月12日。

年，努力将国家高新区建设成为自主创新的战略高地、培育和发展战略性新兴产业的核心载体、转变发展方式和调整经济结构的重要引擎、实现创新驱动与科学发展的先行区域、抢占世界高新技术产业制高点的前沿阵地。2013年11月，105个国家高新区和苏州工业园联合发表了《国家高新区率先实施创新驱动发展战略共同宣言》，正式吹响国家高新区"三次创业"的号角，由此国家高新区的定位不再局限于发展成为"科技工业园"，而是发展成为承载全面创新的创新经济体。2017年4月，科技部印发的《国家高新技术产业开发区"十三五"发展规划》（国科发高〔2017〕90号）明确提出，以"发展高科技、培育新产业"为方向，着力营造产业生态和创新创业生态，发展新经济，培育新动能。2020年7月，国务院印发《关于促进国家高新技术产业开发区高质量发展的若干意见》（国发〔2020〕7号），提出了"将国家高新区建设成为创新驱动发展示范区和高质量发展先行区"的新使命和新定位。2022年11月，科技部印发的《"十四五"国家高新技术产业开发区发展规划》（国科发区〔2022〕264号）指出，国家高新区已迈进深入实施创新驱动发展战略、以高水平科技自立自强引领高质量发展的关键阶段，鼓励有条件的地方整合国家高新区资源打造国家自创区，在更高层次探索创新驱动发展新路径。

目前全国177+1个国家高新区和23个国家自创区牢牢把握"高"和"新"发展定位，发挥了重要示范引领作用，越来越多的国家高新区也开始迈入"三次创业"阶段，走出了一条中国特色高新技术产业化道路，成为创新驱动发展的排头兵和高质量发展的开路先锋。2022年，国家高新区的全国GDP贡献率达到13.6%，并在节能降耗方面走在前列，万元工业增加值能耗仅为全国平均值的2/3，为经济长期稳增长提供坚实力量。

（二）基于空间布局的发展历程

我国国家高新区的数量空间分布大体经历了两次大变动，第一次是由国家高新区初创到空间布局基本形成，实现了从无到有的转变，国家高新区经过1991年、1992年两次批量扩容和三次微调后，形成了56+1的相对稳定空间发展格局。2010年后国家高新区进入"二次扩张"时期，当年下半年分两批建立了 27 个国家高新区，2011 年 6 月上海紫竹、江阴、益阳等 5 个国家高新区获批建立，2012 年 9 月再度批准 17 个省级高新区升级为国家高新区，2013 年 12 月又新增通化、阜新、石嘴山等 9 个国家高新区，2014 年 10 月批准镇江建立国家高新区，2015 年 1 月至 10 月批准设立国家高新区 31 家，2017 年 2 月和 2018 年 2 月先后各有 10 个、12 个高新区晋级国家高新区，2022 年 6 月和 12 月均有 4 个省级高新区升级为国家高新区，最后 2023 年 6 月阿克苏阿拉尔获批建设国家高新区。经过第二次长达十余年的多批快速扩面，我国由此形成了"177+1"的国家高新区发展格局（见附表 1），覆盖了全国 31 个省份的近 200 个城市，如表 1-4 所示。

表 1-4　　我国国家高新区"三大经济带"分布情况

区域		国家高新区数量（个）	比例（%）	国家高新区
东部沿海地区	环渤海地区	28	15.73	中关村、天津、沈阳、威海、石家庄、济南、大连、青岛、潍坊、淄博、保定、鞍山、营口、济宁、烟台、唐山、辽阳、临沂、本溪、承德、燕郊、泰安、枣庄、阜新、锦州、莱芜、德州、黄河三角洲
	长三角地区	28	15.73	上海张江、上海紫竹、南京、杭州、苏州、苏州工业园、无锡、常州、宁波、泰州、昆山、绍兴、江阴、温州、武进、徐州、南通、衢州、连云港、盐城、萧山临江、镇江、常熟、扬州、嘉兴、湖州莫干山、宿迁、淮安
	珠三角地区	14	7.87	广州、中山、深圳、佛山、惠州、珠海、东莞、肇庆、江门、源城、清远、汕头、湛江、茂名
	其他地区	12	6.74	福州、泉州、桂林、厦门、海口、南宁、柳州、莆田、漳州、三明、龙岩、北海
中部内陆地区		60	33.71	武汉、长春、哈尔滨、长沙、合肥、郑州、南昌、太原、包头、襄阳、株洲、洛阳、大庆、吉林、湘潭、安阳、南阳、延吉、蚌埠、芜湖、新余、景德镇、宜昌、益阳、齐齐哈尔、长春净月、衡阳、马鞍山、孝感、新乡、鹰潭、通化、荆门、呼和浩特、郴州、平顶山、抚州、长治、吉安、赣州、仙桃、随州、焦作、鄂尔多斯、铜陵狮子山、淮南、滁州、安庆、九江共青城、宜春丰城、信阳、许昌、黄冈、咸宁、荆州、黄石大冶湖、潜江、常德、怀化、宁乡

续表

区域	国家高新区数量（个）	比例（%）	国家高新区
西部边远地区	36	20.22	西安、成都、重庆、兰州、昆明、贵阳、宝鸡、绵阳、杨凌、渭南、白银、昌吉、银川、青海、自贡、乌鲁木齐、乐山、咸阳、榆林、玉溪、石河子、石嘴山、泸州、璧山、德阳、攀枝花、安康、荣昌、永川、内江、安顺、遵义、楚雄、克拉玛依、阿克苏阿拉尔、拉萨
合计	178	100	

注：东部沿海地区包括京、津、鲁、辽、冀、沪、苏、浙、粤、闽、琼、桂12个省份，其中环渤海地区包括京、津、鲁、辽、冀5个省份；长三角地区包括沪、苏、浙3个省份；珠三角地区仅包括粤；中部内陆地区包括晋、吉、黑、皖、赣、豫、鄂、湘、内蒙古9个省份；西部边远地区包括渝、川、宁、青、黔、滇、陕、甘、新、藏10个省份。

然而，位于我国"三大经济带"内的国家高新区分布表现出一定的非均衡性，支撑国家区域重大战略和区域协调发展的能力有待增强。东部沿海地区12个省份集聚的国家高新区数量仍接近中西部19个省份之和，主要集中在环渤海、长三角和珠三角等基础条件、地理位置较为优越的区域，且实力较强的老牌国家高新区规模优势显著。

通过分析国家高新区历年的批准名单可以发现，随着中西部内陆地区开发进度的加快，国家高新区的空间布局重点也逐渐由东部沿海向中西部转移。"二次扩张"前的56+1个国家高新区中，东部沿海12省份独占31个，占55.4%，山东、江苏、广东等省拥有数个国家高新区，中西部内陆19省份仅占25个，青海、宁夏、西藏等省份空白，多数省份仅1个国家高新区；"二次扩张"后的"177+1"个国家高新区中，尽管江苏、广东、山东等省的国家高新区密集度仍领跑全国，其拥有量分别达到18个、14个和13个，但东部沿海增速明显低于中西部内陆，填补了青海、宁夏、西藏三省份高新区空白，湖北、湖南、陕西、河南等省份的高新区集聚带初现，在"二次扩张"期内新增的拥有5个及以上国家高新区的13个省份中，中西部地区省份就占据了9个，如表1-5所示。同时，2022年11月科技部印发的《"十四五"国家高新技术产业开发区发展规划》(国科发区〔2022〕264号)提出,进一步优化国家高新区、自创区发展布局,强化示范、带动、辐射作用,推动区域协调可持续发展;完善东部地区布局,加大在中部、西部、东北以及特殊类型地区布局力度。"十四五"末期我国国家高新区数量将在220个左右,实现东部大部分地级市和中西部重要地级市基本覆盖。

表1-5　　我国国家高新区两次扩张期的省域分布情况

	省份	北京	天津	上海	重庆	广东	江苏	浙江	福建	山东	河南	湖北
首次扩张(1988—2009年)56+1个	数量(个)	1	1	1	1	6	6	2	2	5	2	2
	占比(%)	1.75	1.75	1.75	1.75	10.53	10.53	3.51	3.51	8.77	3.51	3.51
	省份	湖南	江西	安徽	山西	陕西	四川	贵州	云南	黑龙江	吉林	辽宁
	数量(个)	3	1	1	1	3	2	1	1	2	2	3
	占比(%)	5.26	1.75	1.75	1.75	5.26	3.51	1.75	1.75	3.51	3.51	5.26
	省份	青海	甘肃	海南	河北	西藏	新疆	宁夏	内蒙古	广西		
	数量(个)	0	1	1	2	0	1	0	1	2		
	占比(%)	0.00	1.75	1.75	3.51	0.00	1.75	0.00	1.75	3.51		
二次扩张(2010年至今)177+1个	省份	北京	天津	上海	重庆	广东	江苏	浙江	福建	山东	河南	湖北
	数量(个)	1	1	2	4	14	18	8	7	13	9	12
	占比(%)	0.56	0.56	1.12	2.25	7.87	10.11	4.49	3.93	7.30	5.06	6.74
	省份	湖南	江西	安徽	山西	陕西	四川	贵州	云南	黑龙江	吉林	辽宁
	数量(个)	9	9	8	2	7	8	3	3	3	5	8
	占比(%)	5.06	5.06	4.49	1.12	3.93	4.49	1.69	1.69	1.69	2.81	4.49
	省份	青海	甘肃	海南	河北	西藏	新疆	宁夏	内蒙古	广西		
	数量(个)	1	2	1	5	1	5	2	3	4		
	占比(%)	0.56	1.12	0.56	2.81	0.56	2.81	1.12	1.69	2.25		

注:鉴于国家高新区建设工作尚未涉及我国香港特别行政区、澳门特别行政区和台湾省,故表中尚未列示,文中下同;灰色底纹部分为拥有5个及以上国家高新区的省份。

国家高新区的空间演化不仅反映在建设数量的地域分布上,还体现在园区自身管辖面积的扩张上,多数国家高新区的规划面积比设立初期扩容比例在30%以上,部分国家高新区甚至实现了翻倍增长,

"一区多园"发展规模成型的国家高新区更是管辖面积呈数十倍的增长。以我国最早获批建设国家自主创新示范区的三个国家高新区为例,北京中关村建成之初面积为100平方千米,2006年首次扩容后达233平方千米,2012年12月由原来的"一区十园"增加为"一区十六园",再次扩容为488平方千米,前后扩容近4倍;1988年新成立的武汉东湖高新区仅24平方千米,经过先后六次扩容,规划面积达到518平方千米;上海张江高新区最初规划面积42平方千米,经过四次空间调整形成了22个分园和124个"园中园",特别是2011年、2012年和2014年的三次大扩容,园区面积已扩展为531平方千米。就连创设初期全国面积最小的深圳高新区也于2019年4月迎来首次扩容,按照"一区两核多园"的布局,从原来的11.52平方千米扩大至159.48平方千米。可见,随着我国国家高新区总体空间布局的调整,园区自身的成长空间也在发生巨大改变。

第三节 国家高新区的创新系统建构

一 国家高新区创新系统概念界定

"创新"这一概念在1912年由奥地利著名经济学家约瑟夫·熊彼特(Joseph Alois Schumpeter)率先提出,他认为创新是生产要素、生产条件的重新组合,建立新的生产函数以获得超额利润,主要包括产品创新、工艺创新、市场创新、资源配置创新和组织创新五种创新情况(王蕾等,2012)。熊彼特的创新理论描述了创新是以企业为主体,围绕市场、管理、制度、产品等多方面内容进行全新创新和模仿创新的过程。在该理论基础上,学者结合系统理论对创新系统展开了研究,揭示了创新系统的行为主体包括政府部门、企业、科研院所、高等院校、孵化及服务机构等,这些主体的创新活动受所处的社会和经济环境影响,依据研究视角的不同,创新系统可分为国家创新系统、区域创新系统和产业集群创新系统(魏江,2004)。其中,国家创新系统是一个国家内与经济、科技活动有关的部门和机构相互作用形成的推动创新的网络（樊春良等，2020）；区域创新系统是某一特定区域内地理位置相对集中、相互联系的利益相关主体共同参与组成的以技术创新、制度创新和管理创新为导向、以横向联络为主的开放系统（任胜钢等，2006）；产业集群创新系统是以技术密集型或知识密集型为核心地区或城市中的企业集中开展创新活动（沙德春等，2021）。本书以国家高新区为研究对象，主要讨论三种模式交叉下的国家高新区创新系统内涵。

从系统科学角度来看，国家高新区创新系统是三大类创新系统的重要组成部分，是产业集群创新网络与产业集群创新环境的叠加（周阳敏等，2020），从而与国家、区域、产业集群创新系统具有多重共性特征。国家高新区创新系统是指基于城市创新战略，在国家高新区地域范围内，为实现创新资源优化配置、产业结构升级和自主创新能力提高，以高新技术企业、高校院所、政府等创新主体为核心，在创新系统软硬环境作用下，投入人才、资金等生产要素，分别通过科技创新、制度创新、管理创新，形成经济效益等创新产出的创新综合体（解佳龙等，2014）。在对国家高新区创新系统进行研究时，应注意以下三个方面：第一，构建国家高新区创新系统须契合国家战略及其所属城市的战略规划；第二，国家高新区创新系统涉及多个主体，在系统研究中要对各主体间的关系进行探讨；第三，国家高新区创新系统活动需调动知识智力、科学技术、物质资料等资源，要研究系统中资源的配置方式和创新效率，提高园区所在地区的自主创新能力。

二 国家高新区创新系统主要特征

国家高新区创新系统是内部结构和外部关联子系统都具有强耦合关系的复杂系统，表现出较强的外部性、动态性、自组织性等特征。

（一）外部性

国家高新区创新系统是与外部不断交流物质、信息和能量的耗散结构系统，耗散过程中系统协调是关键（吴尤可等，2011）。国家高新区创新活动会受其所处的区域经济、文化、资源和科技条件制约与影响，因而各国家高新区创新活动必然在定位、内容和实现路径上存在区别，也导致不同国家高新区创新系统效率差异较大。受外部性特征的影响，国家高新区不能摆脱其生存与发展的外部环境，因而各国家高新区创新系统的形成、发展和运行过程必须因地制宜，适应本地区经济、社会和科技条件，同时国家高新区是我国实施创新发展战略的重要载体，也应发挥知识的吸收和辐射作用，不断引进国外创新资源以提升园区创新能力，产生正外部性。

（二）动态性

国家高新区创新系统会受到人类活动和自然条件的影响，而这两类扰动因素具有不可预期、非线性、自组织、阈值效应和多稳态机制等特征，这使国家高新区创新系统内部的循环系统和反馈机制发生转变。一方面，国家高新区创新系统内部主体与环境处于动态变化中，创新主体上高校院所的设立、新企业的创办、原有企业的破产与兼并、创新孵化机构的培育活动都会使创新系统内部创新主体数量和规模不断发生变化，各主体间的联系也会发生变化。另一方面，国家高新区创新系统所处的外部环境也不断发生变化，资源日趋稀缺、市场需求改变、基础设施日趋完善、创新氛围更加优越、外部技术条件日益革新和成熟等都会直接影响国家高新区创新系统。

（三）自组织性

系统的自组织性是系统具有能动地适应环境，并通过反馈来调控自身结构与活动，从而保持系统的稳定、平衡及其与环境一致性的自我调节能力（吴彤，2001）。国家高新区创新系统的自组织行为通过创新主体受到环境刺激和约束，不断调整要素构成的结构来实现，其中国家高新区创新系统内部各要素间的对立统一关系是促使系统不断协调的内部动力，而国家高新区所处的外部环境因素是促使园区系统组织结构不断优化的外部动力。国家高新区创新系统的自组织在适应知识经济新要求的过程中，各创新主体充分发挥能动作用，通过系统的自组织使创新系统内部自发、持续地产生推动系统升级的动力，从而更好地实现创新系统的整体功能。

三　国家高新区创新系统构成要素

国家高新区创新系统是一个多因素、多主体、多环节组成的复杂系统，每个要素在系统扮演各自的角色并发挥功能。系统运转不是某项因素的简单累加，而是需要各种要素充分涌流、协同合作，发挥正向的整体效益。要素是系统构成的基本单元，国家高新区创新系统的构成要素主要包括创新主体、创新投入、创新内容、创新产出、创新环境等方面。

（一）创新主体

创新主体是国家高新区内参与创新的机构和组织，包括高新技术企业、高校院所和政府（唐开翼等，2022），三者相互关联，互相作用，形成创新主体关系网络。高新技术企业是国家高新区创新系统科技创新的直接主体；高校院所为高新技术企业培养人才和提供新技术、新知识；政府通过制定相关政策，鼓励、扶持、促进国家高新区创新系统的高效运转。

（二）创新投入

创新投入是国家高新区创新活动得以顺利进行的基本条件，主要体现在资金、技术和人才等方面（陈新国等，2012），高投入能为创新提供必要保障，充足的物质资料是国家高新区大胆创新的前提。高效的创新系统不仅拥有资金、设备、厂房、生产资料等物质投入，还必须具备高科技人才和高新技术，良好的人才结构可以提升创新速度、提高创新质量。

（三）创新内容

创新内容贯穿于国家高新区创新系统运行的整个过程，主要包括科技创新、制度创新、管理创新（胡树华等，2011）三个方面，其中科技创新可为国家高新区发展提供内生动力，管理创新能协调各创新要素间的关系，制度创新有利于营造良好的创新环境。

（四）创新产出

创新产出可以反映出国家高新区创新系统绩效，产出包括专利、新品种、新材料等科技产品，科技产出的多少与产品转化率的高低可以体现国家高新区创新系统实力强弱，同时也能反哺国家高新区为创新系统运行提供物质支撑，以便进行新的创新系统循环。

（五）创新环境

创新环境既包括道路、光纤接入量、园区建设等硬环境，也包括创新服务意识、制度环境、政策环境、创新文化氛围等方面（吕丹华，2016）的软环境。其中，良好的创新硬环境既是保障国家高新区创新系统创新活动顺利开展的基础，也是国家高新区创新系统高效运行的前提，健康的创新软环境可以畅通国家高新区创新系统主体间的信息交流，实现知识溢出效应，促进各国家高新区创新系统间的协调发展。

四 国家高新区创新系统运行机理

国家高新区创新系统是一项复杂的系统工程，需要参与的各个要素共同作用，创新系统内部诸要素间非线性关联是国家高新区创新系统存在的重要条件，各要素间的相互作用促进了国家高新区创新系统内人才、资金等的流动，各要素间多种多样的关联和作用形式造就了国家高新区创新系统。有的学者参考区域创新系统的"四三结构"理论，提出了国家高新区创新系统的"四三结构"模型（见图1-7），包含创新投入、创新主体、创新产出和创新内容四大子系统，整个系统的运行过程是国家高新区创新主体（政府、科技创新企业、高校院所），运用创新投入（人才、资金、技术），实施创新内容（制度、管理、科技等）获得创新产出（品牌、新品种、新材料等）。

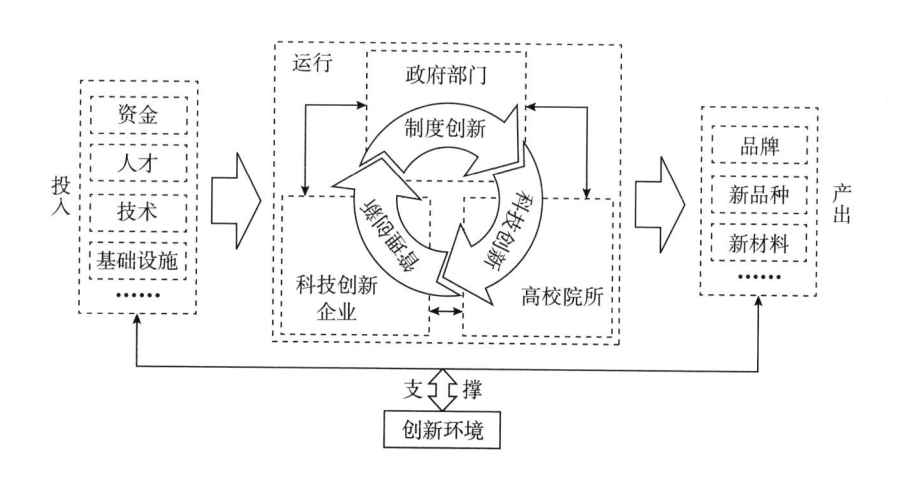

图1-7 国家高新区创新系统运行机理

(一) 反向推动机理

反向推动是从建设高质量创新高新区这一战略目标出发，结合系统现状分阶段、有步骤地调整国家高新区发展规划和路径的机理。具体来说，在明确国家高新区创新发展目标的基础上，对产出的创新品牌、专利技术、创新产品进行规划。为实现规划要求，政府、企业、高校院所及服务机构等创新主体都需要明确制度创新、管理创新和科技创新的内容，进而对创新投入阶段的各种资源进行有效配置和合理安排，从而在良好的创新软硬环境支撑下实现国家高新区创新发展的战略目标。基于"四三结构"的反向推动机理并非单向的固定模式，而是会根据现实情况变化不断调整创新系统各阶段、各主体、各要素的关联关系，但从战略目标倒逼国家高新区创新系统协同高效运转的主线不会改变。

(二) 协同运行机理

国家高新区创新系统是一个有机整体，任何创新环节和创新要素出现短板和冗余都会损害系统效率，抑制国家高新区协同创新的整体效应。因此，为提升国家高新区创新资源利用效率和实现创新系统的高效运行，各创新子系统间、各要素间要发挥吸收与辐射作用，加强信息、知识、技术的交流与协作。具体来说，在资金、技术和人才的投入不足会导致创新系统运行动力不足，各创新主体创新活力不足容易造成创新系统低效，制度创新、管理创新和科技创新三大板块薄弱会直接影响国家高新区战略目标的实现，而创新产出的不足将使国家高新区缺乏市场竞争力，影响下一轮新的创新系统循环过程，最后，作为支撑的基础设施、通信条件、营商环境配备不齐全，将使国家高新区无法继续进行创新建设与生产。

(三) 循环反馈机理

国家高新区创新系统是动态循环的系统，系统各要素之间存在反馈回路，上一轮的投入会影响下一轮的产出，而最终的创新产出又会作用到创新投入中，开始新一轮的创新循环。由于创新系统的循环反馈过程中存在良性和恶性两种状态，良性循环反馈过程中各创新资源合理投入并且各主体高效利用，在制度、管理和技术的加持下，实现高质量产品产出后成功实现绩效转化，推动国家高新区创新系统的持续高质量发展。而恶性循环反馈则表现在创新投入资源与创新生产活动不匹配，各创新主体间缺乏协同和合作导致创新产出效率低下，无法获得新一轮的创新投入，最终导致创新过程低效或者创新系统关闭。因此，在国家高新区创新系统循环过程中，需密切关注各要素的真实需求，找准系统临界点，利用好系统的反馈回路，抑制创新系统的恶性循环。

（四）功能转换机理

依据生命周期理论，国家高新区创新系统经历了形成、发展、成熟各个过程，系统各要素的功能也在发展过程中更新转换。依据我国国家高新区发展的时序进程，各时期国家高新区各主体在进行创新活动中所发挥的功能有所不同。在创立期，国家高新区创新系统尚处于雏形阶段，创新主体的功能定位尚不明确，此时创新活动主要由政府和科研院所牵头开展，大学、企业和服务机构主要是与政府进行初级的科技合作，各种创新要素的投入也主要来自中央和地方政府；在成长期，在市场作用下官产学研主体的联系与合作更加深入，创新要素在空间范围内快速集聚，形成多个围绕创新主体和创新内容的要素簇（解佳龙等，2016）；在成熟期，创新主体间的关系呈现复杂化和网络化趋势，这一阶段高新技术企业成为推动国家高新区发展建设的主体，政府转变为调控和辅助的角色；在二次创业或三次创业阶段，国家高新区处于政策更新、机制升级、区域整合的关键期，各创新主体的创新活动以改善创新系统整体的体制机制为导向。

第四节　国家高新区创新系统相关研究

一　高新区创新发展研究

国际上针对高新区创新发展的研究热度与美国硅谷、英国剑桥、日本筑波等先行科技园区的快速崛起保持一致，始于20世纪70年代中后期，在90年代中期达到较高水平并长期保持高热度。我国有关国家高新区创新发展的研究（以科技论文反映）则与国家（以高新区扶持政策反映）和社会（以媒体报道密集度反映）对国家高新区的关注度保持较高关联性，自2001年科技部围绕五个转变推行"二次创业"以来，学术界对国家高新区的关注度持续稳步增长，在2006年至2010年迎来研究成果刊发的第一次高潮，而后随着《关于促进国家高新技术产业开发区高质量发展的若干意见》（国发〔2020〕7号）赋予国家高新区新使命和新定位，国家高新区创新发展研究从2021年开始再次进入爆发期，如图1-8（a）所示。同时，该领域相关研究成果主要集中在中宏观的政策与管理层次，偏重开发研究和应用研究这类实践性较强的探讨，这与中国特色高新技术产业化道路探索的现实需求紧密相关，如图1-8（b）所示。

国家高新区创新系统以何种结构形式存在，又以何种运行机制来推动系统自我完善与升级，一直是创新系统视角下研究国家高新区创新发展的重点话题。国内外学者普遍认为创新投入（Sang，2001）、创新主体（Zhu and Tann，2005；侯媛媛、刘云，2013）、创新内容（蒋同明，2011；王利军、胡树华，2012）、创新产出（Mariagrazia et al.，2009）是构成国家高新区创新系统的基本单元，尝试构建了具有层次特征（郭丕斌等，2011）的理论结构模型（解佳龙、胡树华，2014），并以美国（Link and Scott，2003）、意大利（Alessandro，2011）、沙特（Kohl et al.，2011）、中国（杨雪等，2014）等国家的科技园为对象，通过演化态势分析探寻创新系统的运行机制。在国家高新区创新系统运行机制解析方面，Etzkowitz和Leydesdorff（1995）提出了著名的三螺旋模式，该模式将大学、企业、政府视为三个螺旋，它们彼此独立又互相协调，共同促进高新技术园区的动态发展与提升。随着该理论的不断深入，逐渐发展出大学主导型、企业推进型和政府引导型三种不同的创新模式（赵东霞等，2016）。大学主导型为美国斯坦福大学首创，凭借强大的人才优势和技术能力，科技成果转化率极高；企业推进型多见于英、法、美等传统发达国家，利用本国的科技领先优势和海外市场优势，进一步推动高新区创新体系发展；政府引导型多见于发展中国家，通过政策推动、人才吸引等手段

第一章　国家高新区创新系统概述 | 33

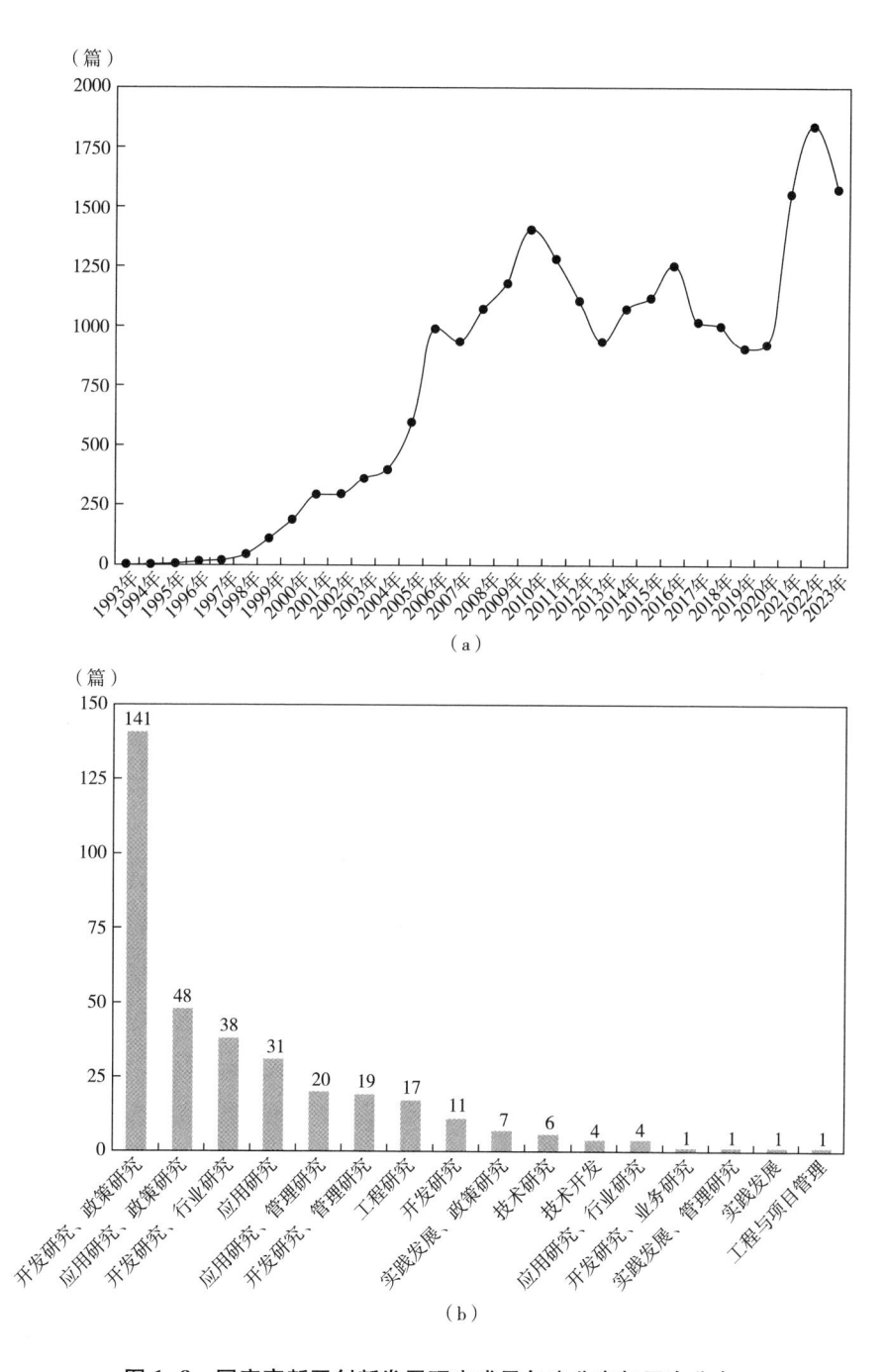

(a)

(b)

图 1-8　国家高新区创新发展研究成果年度分布与层次分布

着重引导企业发展方向，促进外来技术吸收与转化（史国栋，2015）。Ivanova 等（2019）在此基础上又提出了一种创新的三螺旋结构，即国家高新区创新系统的核心是由校企合作开展的知识生产活动，产业结构、地理分布和学术传统之间的协同作用构成了国家高新区创新系统的关键力量。Carrincazeaux 和 Gaschet（2015）分析了国家高新区创新系统的多元性及其在欧洲经济中的表现，根据各创新子系统的具体任务，提出了适合社会生产系统与创新的结构。

部分学者还通过决策实验室等方法横向比较典型国家高新区创新系统，如硅谷与 128 公路（Saxenian，1995）、筑波与大德（Sang，2001）、内湖与新竹（Lin and Tzeng，2009；苏友珊，2014），总结不同园区创新成败的决定因素及模式复制的可能性，提出完善国家高新区创新系统的实务建议。此外，国家高新区创新系统呈现周期性演化规律，部分学者分别从阶段转换、创新内核、持续创新等角度提出国家高新区阶段演化历程的划分方式，认为应涵盖要素群集、产业主导、创新突破、辐射联动、衰退或更新等阶段（吕政、张克俊，2006；沈伟国、陈艺春，2007；解学梅、曾赛星，2008）。

我国高新区的创新活动是对国家创新发展战略的积极响应，已有学者从行业和区域层面论证了创新政策对园区创新活动涌现、创新效率改善和创新能力强化有正向影响（郭丕斌、刘宇民，2019；张寒等，2023）。在政策导向下，基于全新技术开发的颠覆式创新（李玉花、简泽，2021）和传统行业技术改造的渐进式创新（王德胜等，2022）是可供国家高新区选择的两大创新路径，并随着"创新鸿沟"（夏恩君、张真铭，2020）和"达尔文海"（刘刚、王宁，2018）问题的日益加剧，创新链的连续性也受到极大关注。同时，国家高新区创新持续性受内外扰动制约明显，有必要探索创新系统协调联动的自救新模式（马艳艳等，2013；刘国巍等，2019）。基于此，学者秉持系统观点（刘志春、陈向东，2015）分析了国家高新区创新系统本身的生态性、耦合度、协调性、绿色度、适宜性（王巧等，2020；王京雷、赵静，2021；杨伊等，2022），并从政策角度探讨了国家自创区甄选（解佳龙等，2013）、创新平台搭建（孙红军等，2020）和示范效应发挥（张秀峰等，2020；李楠博、孙弘远，2021）对国家高新区创新效率的影响。

从生态与环境角度，陈向东、刘志春（2014）从"态—势—流"三方面验证了建立创新生态系统对提升绿色创新效率有正向影响；王欣亮等（2022）从总体和区域创新两个维度，论证了营商环境也与创新效率呈正相关关系。以创新协调度为视角，方叶兵等（2022）对长三角创新的研究结论表明，系统耦合协调性与空间均衡性严重制约区域创新发展；将产业创新作为切入点，薛阳等（2022）指出，重视自主创新提升技术效率与纯技术新效率，对促进产业绩效增长和缩小区域发展差距至关重要。此外，国家高新区创新系统中的要素投入（袁航、朱承亮，2018）、产业结构（戚湧、张洪瑜，2020）、成果转化（刘俊婉等，2015）、区域层面的集群规模效应和产城融合度（王霞等，2014）也是学者探寻国家高新区创新发展制约因素的着眼点。国内关于国家高新区创新发展的部分代表性成果如表1-6所示。

表1-6　　国内关于国家高新区创新发展的部分代表性成果

研究方向	代表学者	年份	主要结论
创新政策	范硕、何彬	2018	财政补贴和研发活动税收激励对高新区创新效率起到负作用，而对高新技术企业的直接税收减免与高新区创新效率无直接相关性
	郭丕斌、刘宇民	2019	创新政策对园区创新活动涌现、创新效率改善和创新能力强化有正向影响
	李兆友、刘冠男	2020	人力资源政策和财政优惠政策在组合路径中具有导向作用，创新平台政策和组织制度政策是影响高新区创新驱动力的内部保障性条件，外部投入型政策与内部规制型政策具有政策互补性，对制度性政策的倾斜会产生更显著的驱动效应
	孙红军、王胜光	2020	创新创业平台对国家高新区全要素生产率增长差距存在正向影响，需要优化政策环境促进双创平台发展
	张杰、毕钰、金岳	2021	国家高新区升级政策对城市层面企业创新水平产生了显著的促进效应，而这种促进效应主要体现在本土企业方面以及东部地区企业方面
	张寒、武晨箫、李正风	2022	创新政策存在落实滞后、困难和政策失灵等情况，需要进行改革

续表

研究方向	代表学者	年份	主要结论
创新链连续性	刘刚、王宁	2018	围绕产业链布局创新链，围绕创新链完善资金链，通过政策链实现创新生态系统的融合与统筹协同，有助于突破创新的"达尔文海"效应
	李玉花、简泽	2021	不连续的颠覆式创新和技术范式革命是技术进步的关键，基于全新技术开发的颠覆式创新是行之有效的创新路径
	解佳龙、马妍、周文婷	2022	武汉东湖高新区光电子信息产业和生命健康产业两大重点产业集群发展中存在显性与隐性问题，显性问题表现为产业链不完整、缺乏自主创新能力、政策保护制度不成熟等，隐性问题表现为人才体系建设不健全、融资渠道狭窄等
创新协调度	马艳艳、孙玉涛、徐茜	2013	中国科技系统与经济系统自身运行的协调性较好，但科技与经济之间的协调性较差
	刘国巍、邵云飞、阳正义	2019	新能源汽车产业链目前创新系统整体协同效果不佳，甚至呈现整体低度协同状态
	方叶兵、杨洪伟、陈铭杨	2022	系统耦合协调性与空间均衡性严重制约区域创新发展
	孙琴、刘戒骄	2023	样本区间内国家高新区与高新技术产业耦合协调度整体上升，耦合协调等级经历由勉强耦合协调阶段—初级耦合协调阶段—中级耦合协调阶段三个阶段，不同要素对耦合协调度的正负影响存在差异
创新生态系统	陈向东、刘志春	2014	有针对性地提升高新区生态流的水平，能带动创新生态系统综合水平的快速提升
	刘志春、陈向东	2015	我国高新区的创新生态水平与创新效率之间存在正相关关系，创新生态水平对创新效率具有短期时间维度的影响
	王巧、佘硕、曾婧婧	2020	国家高新区显著提高了城市绿色创新效率，高新区驱动绿色创新效率存在区域差异和城市等级差异
	杨伊、谭宁、胡俊男	2022	适度融入全球价值链体系有助于资源型产业的绿色发展，技术创新有利于驱动我国资源型产业向绿色发展转型
	唐开翼等	2022	非高政策环境是非高创新绩效的必要条件，产生非高创新绩效的高新区创新生态系统有四种，与高绩效创新生态系统存在非对称关系，在一定条件下高知识创新主体与高政策环境、高开放环境的条件组合之间具有替代关系

续表

研究方向	代表学者	年份	主要结论
产业创新	戚湧、张洪瑜	2020	各省份结合自身创新要素供给所处梯度，通过强链、补链、固链相结合实现区域高技术产业创新要素有效供给
	白素霞、陈彤	2021	高新区高新技术产业创新效率相对较低，且呈现明显的区域差异性；创新效率居于前列的高新区大多位于较发达的一线、二线城市和一些工业城市；高新区高新技术产业创新效率排名与工业总产值之间基本呈现较显著的正相关
	薛阳等	2022	自主创新提升技术效率与纯技术新效率，对促进产业绩效增长和缩小区域发展差距至关重要
创新能力	肖永红、张新伟、王其文	2012	高新区创新能力发展具有差异性，加大创新投入能显著提升高新区创新能力
	赵炎、徐悦蕾	2017	成果能力和环境能力是衡量高新区创新能力的重要标志
	马淑艳等	2021	加强培育和发展高新技术企业等创新主体，并加大开放力度吸引高素质人才，能促进高新区创新能力提升
	姚潇颖、卫平	2022	高新区创新能力的提高有助于城市全要素生产率（TFP）增长，成熟型高新区创新能力对城市 TFP 存在抑制作用，成长型高新区创新能力对城市 TFP 有显著促进作用

二 高新区创新评价研究

随着1951年世界第一个高新技术科技园区"硅谷"的诞生，剑桥科学园、筑波科学城、特拉维夫等一批全球知名高新技术园区取得了举世瞩目的成就，积攒了大量发展经验，对这些科技园区发展状况的评价研究不断涌现。最早涉及园区评价的是美国学者 Everett 和 Judith（1986），他们运用定性分析方法对硅谷的形成和发展过程进行了评价，揭示了硅谷形成"凝聚经济效应"的条件，而后针对高新区创新评价的相关研究成果，多从静态的创新能力和动态的创新效率两个维度展开。

（一）高新区创新能力评价

创新能力是高新区创新系统建设成效的集中表现，目前国际对于高新区创新能力评价的指标主要有全球创新指数（GII）、硅谷指数（Index of Silicon Vally）、欧洲创新计分牌、全球创业生态系统报告等

（贺茂斌、任福君，2021）。全球创新指数于2007年创立，包括创新投入、创新产出两个一级指标，并细分为制度、人力资本与研究、知识与技术产出等7个二级指标、21个三级指标等内容；硅谷指数于1995年开始发布，现已成为全球科技发展的风向标，主要包括人口、经济、社会、生活空间、治理五个一级指标，并细分为10多个二级指标和30多个三级指标；欧洲创新计分牌通过框架条件、创新投资、创新活动、创新影响等指标及其细分指标对欧盟国家的创新能力进行量化；全球创业生态系统报告于2012年开始发布，涵盖绩效、融资、经验、人才等多个一级指标和二级、三级指标。这些评价报告普遍指出，我国的创新系统在绩效、知识、人才等方面表现优异，但科技基础设施薄弱、连通性不足，需要利用加强技术分享、推广技术沙龙、扶持科技孵化器发展等手段予以优化。

创新能力是影响高新区产业发展和经济增长的关键（赵炎、徐悦蕾，2017），对高新区创新能力进行科学评价长期以来受到国内社会各界的普遍关注。我国科技部火炬中心先后于1993年、1999年、2004年、2008年、2013年、2021年六次制定和修改《国家高新区评价指标体系》，不断丰富和完善对国家高新区的考评机制，为不同时期高新区的创新发展指明方向。学术界也基于可持续发展（朱斌、王渝，2004）、合作治理（邓草心、夏威，2012）、组织运行（方玉梅、刘凤朝，2014；王宏起等，2015）、集群培育（欧光军等，2018；张冀新、陈媛媛，2022）等不同研究重点和理论支撑，尝试性地提出了一系列高新区创新能力评价体系，并将智能评价（王洪礼、张瑞，2011）、动态系统（杜海东，2012）、突变级数（解佳龙等，2011）、因子分析（欧光军等，2013）和功效系数（张琳等，2022）等计量方法用于能力评价模型构建。现有的评价研究多以省域、园区密集区为基本单元，评价结果显示，高新区创新系统具有多要素投入、多主体参与、各环节紧密联系的复杂特征（阳双梅、孙锐，2013；赵运平、綦良群，2016），系统的稳定性与协调性易受挑战（雷雨嫣等，2019；刘会武等，2021），呈现脆弱性特征。"二次创业"是与我国高新区发展战略相吻合的中国特色概念，其实质是以增强自主创新能力为目标的内涵式发展。周元和王维才是国内较早研究高新区"二次创业"能力的学者，建立了向创新突破阶段转换的四维能力评价体系，随后沈伟国和陈艺春（2007）从阶段发展规律角度，构建了一套"四位一体"的高新区"二次创业"能力评价体系。

（二）高新区创新效率评价

创新效率是高新区创新系统运行状态的客观反映，理想的创新效率有利于缓解创新资源稀缺与体系建设投入的矛盾，而影响高新区创新效率的因素可归为管理技能（Sun，2011；Motohashi，2013）、研究开发（Sana et al.，2009）、集聚密度（郑江淮等，2008）、产业结构（Zhang et al.，2009；Bai et al.，2015）、母城环境（王京雷等，2022；李婉红等，2022）等方面。基于此，国内学者分别采用DEA（谢子远，2011；杨畅等，2013）或改进DEA（王荣等，2015；杨青生等，2023）、结构方程（吴淑娥等，2012）、多元回归（顾元媛、沈坤荣，2015）、随机前沿函数（代明等，2016；张立峰等，2018）、双重差分（王巧等，2020；刘钒、向叙昭，2023）等方法，测算和分析了我国不同高新区的创新效率水平。结果普遍显示，我国高新区创新要素整体利用率不足，产出效率普遍偏低，经济板块间差异突出但逐步缩小，集群状况显著抑制了创新效率提升，多数园区亟待向规模化集约型模式转变。

三　复杂系统脆弱性研究

复杂系统脆弱性理论认为，复杂系统内部充斥着相互依赖关系和非线性反应，任何系统都具有自身的脆弱性，脆弱性作为复杂系统的三元属性之一，伴随着复杂系统而存在，不会因系统的进化或外界环境的变化而消失。目前，有关复杂系统脆弱性的相关研究主要集中在脆弱性概念界定、脆弱性分析框架、理论模型和评价方法以及脆弱性的跨领域融合运用等方面。

（一）系统脆弱性概念界定

"脆弱性"概念起源于1974年美国学者White对自然灾害的研究，实际使用中也常用"Fragility"一词，他认为脆弱性是自然环境系统面对风险的能力。此后对于脆弱性的研究开始向多领域扩展，在地学领域，Timmerman（1981）首先提出脆弱性概念；在经济学领域，Minsky（1982）系统提出金融脆弱性假说；在社会学领域，脆弱性被认为是社会系统对负面影响的承受能力（Adger，2006），主要体现在反贫困（解垩，2015）、可持续生计（杨文等，2012）、资源型城市（程钰等，2015）问题的研究。归纳国内外研究文献，脆弱性概念主要有如表1-7所示的五种界定方式，前两类界定角度侧重结果，第三类、第四类界定突出脆弱性表现及原因，第五类界定立足系统结构与功能，相较其他类别更全面准确。

表1-7　　　　　　　基于不同侧重点的脆弱性概念界定

侧重点	概念界定	代表学者及文献年份
与风险类似	系统暴露于不利影响或遭受损害的可能性	Zapata 和 Caballeros，2000
强调系统面对扰动的结果	系统遭受不利影响损害或威胁的程度	Timmerman，1981；Tunner等，2003
强调系统自身应对能力	系统承受不利影响的能力	Dow，1992；Vogel，1998
强调脆弱性表征	风险、敏感性、适应性、恢复力等一系列相关概念的集合	Adger，2006
强调系统内部结构和功能	系统对扰动的敏感性和缺乏抵抗力而造成系统结构和功能容易发生改变的属性	李鹤、张平宇，2011

(二) 系统脆弱性评价研究

随着对脆弱性研究的不断扩展和深入，如何对系统脆弱性进行评价成为该领域研究的焦点。由于系统脆弱性往往是多种因素共同作用的结果，且这些因素均是动态发展的，因此不便用单一维度进行评估。政府间气候变化专门委员会（IPCC）认为，生态系统脆弱性的评估应从对外的暴露程度和对内的适应力着手（刘婧文，2023）；Smit等（1999）认为，评估环境脆弱性应着重关注政策因素的影响，并将其与可持续发展、生物多样性等因素结合。在社会学领域，Kelly认为，选取评价指标时必须做到因地制宜，采取符合当地特征的指标；Below等发现，在坦桑尼亚通过改善农民生活环境、加强教育培训、推广农业科技等手段,能显著降低当地的社会脆弱性(钟玲等,2013);Shipra等(2018)认为,在评估脆弱性时,应把经济全球化、市场自由度等因素纳入评价指标体系。

脆弱性的量化研究主要利用各种评价模型展开,脆弱性理论模型在多学科领域中主要有六类:第一,R-H(Risk-Hazards)模型。这是一种早期模型,以Burton等(1993)为代表,强调承灾体对致灾因子或环境冲击的暴露和敏感性,更关注致灾因子和灾难后果,不够重视政治、经济等因素对脆弱性的具体影响。第二,PAR(Pressure and Release)模型。以Blaikie等(2004)为代表,重点探讨脆弱性的形成机理,对致灾因子如何通过"动态压力"和"不安全环境"两个阶段逐渐产生脆弱性进行详细阐释,明确具有脆弱性的对象和致灾因子的相互作用是导致灾害的原因,认为社会经济和群体特征对于脆弱性具有较大影响。第三,HOP(Hazards of Place)模型。Cutter等(2003)将自然脆弱性中的风险概念与社会脆弱性中的恢复力、应对能力等结合起来,使脆弱性研究向耦合系统发展。第四,三角模型。有学者尝试从人类生态学、权利理论和政治经济学三方面构建脆弱性三角模型,揭示脆弱性产生的社会、经济、政治背景,后续研究中提出的PNL(Moss et al., 2000)和EVI(Lonergan et al., 2000)都是对三角模型的修订与完善。第五,钻石模型。Watts和Bohle(1993)创建的钻石模型研究脆弱性内外两方面相互作用,并加入冲突和危机理论(1993)。第六,AHV(Airlie House Vulnerability)模型。该模型在PAR模型基础上发展而来,认为脆弱性包括暴露程度、敏感性和恢复能力,由存在于任何尺度上的"主体—环境"耦合系统决定,强调对系统干扰的多重性和系统脆弱性因地而异,且具有随时空变化的动态性(Turner et al., 2003)。

与理论模型相对应的脆弱性评价方法选择上,主要有综合指数、图层叠置、函数模型、模糊物元和危险度分析五类。综合指数法从脆弱性表现特征、发生原因等方面建立评价指标体系,利用加权求和、主成分分析、层次分析、模糊综合等方法综合成脆弱性指数,来表示评价单元脆弱性程度的相对大小,是脆弱性评价中较常用的一种方法。图层叠置法是基于 GIS 技术发展起来的一种生态脆弱性评价方法，根据评价思路分为两种叠置方法，即脆弱性构成要素图层间的叠置（Metzger et al.，2005）和针对不同扰动的脆弱性图层间的叠置（Brien et al.，2004）。函数模型评价法，首先是对脆弱性各构成要素进行定量评价，而后从彼此作用关系出发建立脆弱性评价模型。模糊物元评价法是通过计算各研究区域与选定参照状态（脆弱性最高或最低）的相似程度来判别各研究区域的相对脆弱程度。危险度分析则计算研究单元各变量现状矢量值与自然状态下各变量矢量值之间的欧式距离，距离越大表示系统越脆弱，越容易使系统结构与功能发生彻底改变。

（三）系统脆弱性跨领域研究

根据 Janssena 对 1967—2005 年出版的 2286 份人文领域和环境变化方面资料的研究，发现 939 份出版物与脆弱性相关，而且自 20 世纪 90 年代以来呈现快速上升趋势（Janssena et al.，2006）。进入 21 世纪，"脆弱性"一词越来越多地出现在自然灾害、生态系统、地下水资源、社会系统、经济系统乃至人地系统、区域发展等方面，涉及领域包括生态、经济、社会、地理和管理等，有关脆弱性的研究正成为热点，脆弱性科学地位逐步确立，已成为一个跨学科的综合性研究视角，且在系统脆弱性研究方面取得了丰硕成果。

1. 生态系统脆弱性研究

生态系统脆弱性是指在生态系统演变过程中，系统对外界干扰所具有的敏感反映和自我修复能力（徐兴良、于贵瑞，2022）。基于这一内涵，生态系统脆弱性可用暴露度、敏感性和适应力三个变量来描述，并可划分为适应型、可迅速恢复型和脆弱型三种。我国学者对生态系统脆弱性的研究呈现出由大到小、由地理单元到行政单元的特征（徐君等，2016），涵盖自然遗产（李鹤、张平宇，2011）、矿业城市（方创琳、王岩，2015）、海洋渔业（王媛、刘述锡，2017）和高寒气候（张庭康等，2024）等领域。学者在 SRP（卢亚灵等，2010）、PSR（付博等，2011）、VSD（李平星、陈诚，2014）框架下建立了生态脆弱性评价体系，并采用改进 TOPSIS（张振东等，2009）、层次分析法（于伯华、吕昌河，2011）、模糊综合评价（郭佳蕾、黄义雄，2016）、三角图法（万红莲等，2021）和地理探测器（贾垚焱等，2021）等方法对不同对象的生态系统脆弱性进行了研究，提出了相关改进建议。

2. 经济系统脆弱性研究

目前国内关于国家经济系统脆弱性的研究较少，区域角度的经济系统脆弱性是指地区经济发展稳定性差，在外部条件影响下系统敏感和遭受损失的可能性大，对其概念的理解应包含区域发展、干扰致脆和脆弱性反馈三个方面。以城市经济系统为研究对象，苏飞和张平宇（2010）从系统敏感性和应对能力两个方面建立了区域可采石油资源的脆弱性评价体系，并采用集对分析法构建了经济系统脆弱性评估模型；袁倩文等（2022）利用敏感性—应对能力模型评估了我国黄土高原地区县域经济脆弱性特征及其时空变化，并运用量化方法探究了人口变化对县域经济脆弱性的影响效果。此外，冯振环和赵国杰（2005）从稳定性、敏感性和损失度三个方面评价了区域经济发展的脆弱性，提出了降低脆弱性的建议；张鹏（2006）收集三峡库区1985—2004年的时序数据，测算该区域人均GDP基尼系数，利用分形理论研究了库区经济系统脆弱性；王士君等（2010）从人口、资源、环境与发展四个角度构建了石油城市脆弱性评价体系，并以大庆为例进行实证研究；马慧强等（2019）从旅游经济系统敏感性和应对能力两个方面构建了旅游经济系统脆弱性评价指标体系，并实证分析了我国30个省级行政单元的旅游经济系统脆弱性空间分异特征及影响因素。

3. 社会系统脆弱性研究

目前主要有四种典型的社会系统脆弱性定义，即冲击论、社会关系呈现论、风险论和暴露论。赵国杰和张炜熙（2006）从区域脆弱性概念、外部特征及成因入手，提出了区域社会系统脆弱性评价指标体系，并采用模糊聚类和灰色关联度分析对河北的脆弱性展开实证研究；苏飞和张平宇（2009）对社会系统脆弱性概念进行了深入阐释并构建了评价模型，从敏感性和适应能力两方面评估了阜新所辖城区的脆弱性；刘继生等（2010）以吉林省辽源市为例，剖析了矿业城市脆弱性的内涵、特征和影响因素，评估了18个样本城市的社会系统敏感性、恢复力和脆弱性。黄晓军等（2020）从暴露度、敏感性和适应能力三个维度构建城市高温社会脆弱性评价指标体系，并开展社会脆弱性评价和划分社会脆弱性等级，分析城市社会脆弱性致脆原因。王钧等（2023）从人口、经济、基础设施、社会组织保障四个方面构建城市灾害社会脆弱性评价指标体系，并运用信息熵法计算了珠三角城市群社会脆弱性指数，分析各城市社会脆弱性演变规律和影响因素。江源和田晓伟（2023）以社会脆弱性概念多重内涵属性的梳理为逻辑起点，重点对社会脆弱性研究框架和评价方法展开比较分析，总结归纳了社会脆弱性研究中存在的主要问题与薄弱环节。

四　研究评述

目前国内外学界关于高新区创新系统及其能力、效率评价研究成果丰硕，但普遍剥离了与创新主体系统属性特征的关联性分析，导致相应对策的普适性有待加强。同时，现有的区域脆弱性研究尚未涉及高新区这类主体，研究重心在于探讨创新系统脆弱性的存在，而对其分析框架、形成内因、作用机理、评价方法等重要问题尚缺乏体系性研究，甚至存在部分研究将脆弱性客观属性与制约因素、影响条件等表征现象等同的问题，但现有研究成果对国家高新区创新系统脆弱性的分析框架构建、模型选取、指标设计和结果分析等具有借鉴意义。

鉴于国家高新区创新系统脆弱性理论研究的重要意义和实证研究的指导性作用，本书将结合国内外脆弱性研究成果和相关基础理论，对国家高新区创新系统脆弱性进行概念界定，并充分考虑我国国家高新区创新多重特征，在压力—状态—响应框架下测度我国国家高新区创新系统在不利扰动因素影响下的脆弱程度，找出限制国家高新区创新能力发挥的薄弱环节和关键脆弱元，为国家高新区制定创新系统脆弱性调控措施提供有效建议。

第二章　复杂系统下国家高新区创新脆弱性

国家高新区创新系统是产业集群和区域发展叠加的复杂系统，同样具有复杂系统三元属性之一的脆弱性特征。本章在系统阐释国家高新区创新系统、复杂系统脆弱性相关理论的基础上，对国家高新区创新系统脆弱性的概念进行界定，在总结其特征、成因的基础上，提出基于压力—状态—响应框架的国家高新区创新系统脆弱性驱动机理模型，以清楚阐释其脆弱性的来源、表征和反馈修复过程，从理论层面完善了相关研究框架和内容。

第一节　复杂系统脆弱性

一　复杂系统脆弱性概念界定

"脆弱性"一词来自拉丁文"Vulnerare"，是"可能受伤"之意（李莉等，2010），对脆弱性的关注和研究起源于流行病研究领域，用于描述何处更易受病毒感染。20世纪70年代，"脆弱性"第一次作为科学术语被法国研究者Albinet提出，被用作监测污染物对水资源产生威胁的可能性指标。此后，脆弱性被引入自然灾害和可持续发展领域，脆弱性被定义为系统暴露于不利影响或遭受损害的可能性（Cutter，1993）。

随着社会经济发展，脆弱性概念逐渐渗透到人文研究领域，起初对脆弱性的典型理解是由于系统对内外扰动的敏感性以及缺乏应对能力而使系统的结构和功能容易发生改变的一种属性（李鹤等，2008）。但由于研究领域的不断扩大，学术界对脆弱性的理解已从最初重点关注对破坏或干扰的敏感性，衍化延伸到包含暴露性、易损性、敏感性、适应性、弹性、风险、应对能力、恢复力、变革力等一系列相关概念在内的集合（张其春、郗永勤，2016），对脆弱性内涵界定上呈现多维化、复合化特征，内容上也趋于研究自然和社会的综合系统，这种趋势使给出脆弱性的普适定义变得更困难。因此，学者多是基于脆弱性的一般性含义，再结合自身研究对象特点衍生出具有实际意义的脆弱性概念，其发展过程如图 2-1 所示。

自然领域：内在风险因素引发固有脆弱性　　人类活动参与：遭受伤害的可能性　　双重结构脆弱性：敏感性与应对能力　　多结构脆弱性：敏感性、暴露程度、应对、适应能力等　　多维度耦合脆弱性：自然、社会、经济、环境和制度等

脆弱性概念扩展

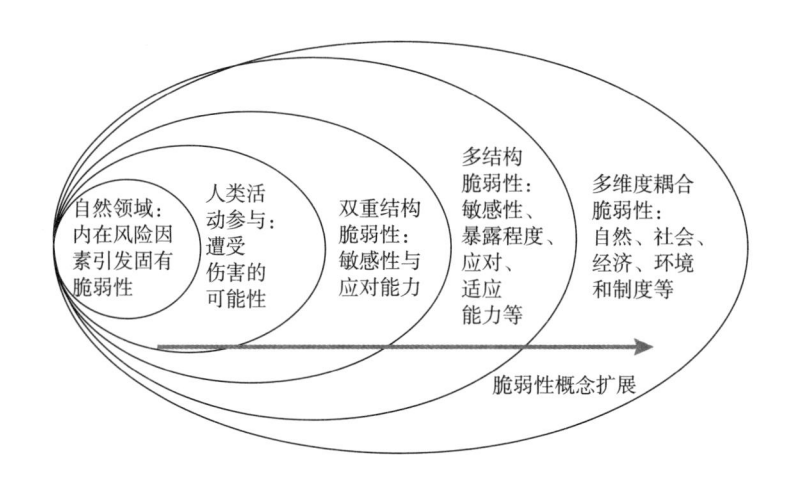

图 2-1　脆弱性概念的变化及延伸

资料来源：根据黄建毅等《国外脆弱性理论模型与评估框架研究评述》（《地域研究与开发》2012 年第 5 期）的研究成果绘制。

目前，脆弱性作为定义社会环境系统（彭坤杰等，2022）、人地耦合系统（彭鹏等，2022）、生产管理系统（刘丹等，2023）等发展程度和状态的基本概念，学者已对社会系统、经济系统有较为深入的研究。社会系统中，脆弱性是由于系统内部结构失调，经内外部扰动因素的刺激后，表现出高敏感性和低应对能力（乐云等，2019），并指出敏感性主要受扰动因素特征影响，应对能力与系统内部结构密切相关（刘继生等，2010）。经济系统中，脆弱性是衡量经济发展稳定性的一种度，是经济系统受外部因素影响后在内部产生的量变，并通

过量变积累最终导致经济系统的震荡甚至崩溃（汤萱等，2017），其内涵可以概括为发生环境区域性、作用过程链式化和负向影响严重性三个方面（孙才志等，2019）。

二 复杂系统脆弱性经典框架

（一）VSD 分析框架

VSD（Vulnerability Scoping Diagram）脆弱性评估框架明确将系统脆弱性定义为暴露度、敏感性和适应力三个维度，采用准则层—指标层—参数层逐级递进、细化的方式组织数据，并提出规范评价流程的八个步骤，即明确区域群体、收集背景资料、假定驱动因子、评估模型构建、指标筛选、运行模型、情景预测、结论与实践。该框架对脆弱性评价的解构符合整合分析趋势，明晰的评价流程可以系统指导从数据整理到结果应用的全过程。

（二）FCP 研究逻辑

为研究复杂系统的动态演进过程，有学者从"原因—结果"的逻辑出发阐释系统影响因素和绩效之间的关系，认为影响因素与系统绩效之间并非直接的因果关系，彼此之间存在"黑箱"（张其春、郗永勤，2017）。因此，在后续的系统绩效研究中，能力要素被加入进来，而系统脆弱性可以被视为能力过程和绩效结果的双重变量，采用动态能力反映各种因素作用下的演进过程，所形成的 FCP（因素—能力—结果）逻辑能有效体现系统的变化过程。其中，影响因素是系统动态能力的前因，而系统绩效又是动态能力的转化结果，动态能力在影响因素与系统绩效之间发挥中介作用。

（三）SCP 研究范式

SCP（Structure-Conduct-Performance）属于经典的静态实验分析方法，认为结构—行为—绩效三者之间存在传递性的线性相关关系（徐枫、李云龙，2015），脆弱性也贯穿于各个环节。其中，市场结构决定了微观主体的行为，而其行为又决定了经济绩效。有学者进一步从产业经济系统角度，分别阐释了短期和长期 SCP 模型各环节的关系。从短期来看，市场结构具有相对稳定性，微观经营主体在既定的市场结构框架内按照自身偏好选择行为方式，从而导致了相应的经济绩效。从中长期来看，市场结构也会发生变迁，既可以认为是市场行为反作用的结果，也可以认为是经济绩效反作用的结果，因此，三者之间存在双向互动关系（罗爱道等，2006）。在三者作用过程中，系统结构脆弱会直接影响系统主体行为并导致系统绩效不佳。

（四）PSR 分析框架

PSR（Pressure-State-Response）分析框架是压力—状态—响应模型的简称，最初由加拿大统计学家 Rapport 和 Friend 于 1979 年提出，后由经济合作与发展组织（OECD）和联合国环境规划署（UNEP）于 20 世纪八九十年代共同发展起来，用于研究环境问题（OECD，2003；李山梅、陈佳稳，2011）。其中，压力（P）是指对生态系统和社会系统带来运行负荷的自然因素或人为因素（反映来自人类、自然的干扰会对社会系统和生态系统造成的负荷）；状态（S）是社会系统与生态系统当前的运行水平，表征系统的健康程度；响应（R）是指在系统面临风险压力时所采取各种对策与措施（Martins et al.，2012）。该框架清晰地阐释了社会生态复合系统可持续变化的因果关系，即自然及人为因素对复合系统造成压力，导致社会生态系统状态发生变化，社会系统通过采取一系列具有适应性、预防性和缓解性的措施来回应这些变化，以维持系统原有状态（彭建等，2012）。压力、状态、响应三者紧密联系，很好地体现了人类与环境之间的相互作用关系。

基于国家高新区创新脆弱性内涵挖掘和特征分析发现，对国家高新区创新脆弱性进行评价实际上要回答三个问题，即国家高新区发展过程中为何会产生创新压力、压力对国家高新区创新的损伤程度以及如何采取措施有效应对国家高新区创新脆弱性。这与学术界常用于研究可持续发展、生态治理等相关领域的 PSR 分析框架高度契合。PSR 模型因具备指标内容涵盖范围广、指标间因果关系清晰，能反映出多种因素对事物产生的综合性动态传导机制和变化过程等诸多优点（谢小青、黄晶晶，2017），其适用领域进一步延伸至社会经济方面。国家高新区以其内部创新结构紧密嵌入所处的社会经济环境中，因此采用 PSR 模型探索国家高新区创新系统脆弱性驱动机理并对其脆弱性进行评价的适用性较强。

第二节 国家高新区创新系统脆弱性内涵

一 国家高新区创新系统脆弱性概念界定

脆弱性理念融入创新管理领域较晚，虽已用于创新绩效（栾斌、杨俊，2018）、创新网络（魏龙等，2018）和创新政策（张静晓等，2019）等方向，但尚未形成统一明确的创新脆弱性概念。创新是一项涉及经济社会各领域的复杂系统工程，创新脆弱性是在复杂动态环境中，由于创新系统对内外扰动因素敏感且缺乏抵抗力，进而影响整体稳定性和功能有效性的一种属性。创新是区域经济发展的内在动力（谭文华，2008），国家高新区创新体系的建设对提升区域资源利用率、统筹协调产业布局、发挥联动作用和实现绿色发展等方面具有突出的实践意义，但国家高新区创新系统内部结构稳定性受其所处的城市环境因素影响，易表现出脆弱性进而影响创新发展质量与效率，这使开展国家高新区创新系统脆弱性研究具有重要意义。由于人们认识论的取向和方法论的运用不同，学者在国家高新区创新的研究中尚未形成统一的高新区创新系统脆弱性概念体系。然而，国家高新区创新系统脆弱性概念是整个创新系统脆弱性理论研究的基础，也是研究中必须首先廓清的问题。

国家高新区作为科技与产业融合的重要创新平台，准确识别与修复其创新脆弱性是激发创新活力、突破创新瓶颈和实现成果转化的有力保证。国家高新区创新系统是以系统内部运作结构嵌入多个社会地理单元的复杂系统，系统的稳定性与有效性与城市政治、文化、社会和发展程度紧密关联，秉持整体意识、层次观念和有机联系的思想对认识、规划和管理该系统十分必要。国家高新区创新系统脆弱性主要是指创新系统内部结构在嵌入城市的社会经济过程中存在薄弱环节，又因其所嵌入的环境中存在内外各种扰动因素，这些因素不断破坏区域创新系统的稳态机制，增加系统不稳定性并逐渐累积负向作用，最终导致国家高新区创新系统彻底崩溃。主要包含三层含义：第一，国家高新区创新系统内部存在梯次结构（宋守信，2020），在时空中系统会不断向高层次演化，系统脆弱性会受内外扰动因素作用逐渐增强；第二，国家高新区创新系统是综合组织嵌入和环境嵌入两种类型的系统，组织层面的系统结构协调有效性不足和环境层面的各种不利因素都会产生负向干扰使系统产生脆弱性，而致脆的因素会在国家高新区创新系统发展过程中形成反馈并进行控制；第三，国家高新区创新系统由脆弱到崩溃需要各因素负向作用的不断累积，但质变边界定困难且关键致脆因子难以识别和预测，这就使研究高新区创新系统脆弱性的隐蔽性和时滞性成为必要。

二　国家高新区创新系统脆弱性主要特征

国家高新区创新系统是一个具有非线性、不确定性、自组织性、涌现性的复杂系统（苏屹等，2016）。脆弱性是该系统的属性之一，对国家高新区创新系统脆弱性特征进行分析有助于定位、识别薄弱环节与致脆点，达到增强系统整理稳定性、提高系统抗干扰性、优化系统协调性的效果。结合嵌入性理论和复杂系统的特性方面来考察，国家高新区创新系统脆弱性主要表现出以下三大特征。

（一）动态易损性

国家高新区创新系统是与外部不断交流物质、信息和能量的耗散结构系统（苏屹、闫玥涵，2021），耗散过程中国家高新区创新系统协调是关键。当存在薄弱链条的创新系统结构嵌入外部系统时，受难以预期、非线性、自组织、阈值效应和多稳态机制的人类活动和自然条件的影响（余中元等，2014），国家高新区创新系统投入、产出和绩效转化的全流程易脆弱受损，这种潜在威胁性的存在和实现过程同系统对自在环境、人为环境的敏感性高度相关，且国家高新区创新系统在探索代内路径的"组织"和代际路径的"自组织"两条发展路径上都存在诸多脆弱因素（郭骁、夏洪胜，2007）。

（二）负向影响大

国家高新区创新系统肩负着国家打造创新高地、优化创新基础设施布局、助力产业集群升级和建立双循环相互促进创新合作模式的重任,而国家高新区创新系统脆弱性是关系到这一任务能否得以完成的关键一步,倘若任由国家高新区创新系统脆弱性不断发酵,将会影响国家高新区的可持续健康发展(任崇强等,2019),带来整个国家高新区创新体系的崩溃风险,还会严重威胁国家经济、社会、区域和产业安全。

(三)可调节性

国家高新区创新系统是具有自组织性和人类活动可驱动的双重特征系统(戴靓等,2022),当脆弱性发生后在一定程度上可以通过系统自调节或外部干预的方式改善脆弱状态。一方面,国家高新区创新系统脆弱性的减弱需要依靠系统自身从感知脆弱元,到脆弱元在高新区创新系统中作用,再到脆弱结果反馈的整个过程进行优化,经历这一过程有助于帮助国家高新区创新系统解决预测和识别脆弱因素的难点,从而形成一套应对脆弱元的屏障。另一方面,国家高新区创新系统的发展与社会制度、政策、科技、文化紧密关联,地方政府、企业、科研机构、中介机构是区域创新系统的主体性要素(闫帅等,2013),其脆弱性的产生与人类活动密不可分,人类活动的方向、强度、广度和效率将直接影响国家高新区创新系统脆弱性,因而要降低国家高新区创新系统脆弱性,需要发挥好主体性要素的驱动作用。

第三节 国家高新区创新系统脆弱性原因分析

一 国家高新区创新系统的嵌入性

"嵌入"一词最早由匈牙利政治经济学家 Polanyi 在著作《大变革》中提出,他认为经济行为也是社会行为,并同经济制度和非经济制度密不可分(Polanyi,2001),随着网络分析模型的建立,嵌入性研究理论变得更加丰富。Granovetter 在其著作《经济行动与社会结构:镶嵌问题》中将嵌入性从制度经济学概念转变为社会学概念(张慧,2022),指出在社会学和经济学之间存在一条中间道路,即经济活动嵌入社会活动(符平,2009),经济活动与其所处的社会、政治、制度、历史和文化等元素之间存在关联（Krippner et al.，2004），嵌入性是经济活动在多种因素影响下表现出来的状态（Zukin et al.，1990）；组织内部存在因信息相互交换而形成的特定嵌入关系，可从共享信息、相互信任和共同解决问题等方面考虑（Uzzi，1996），嵌入性是指经济行为会受到组织自身所处的信任、文化、声誉等因素的持续性影响（黄中伟、王宇露，2007）。通过梳理可以发现，嵌入性概念的实质可以归纳为组织的经济行为会受其所处社会环境的影响。国家高新区创新属于经济行为的范畴，是各创新主体为了实现创新发展而实施的经济行为。基于国家高新区创新系统的特征，本书认为嵌入性是指国家高新区创新系统会嵌入所处的社会、经济及其他外部环境之中，并深刻受到这些环境因素的影响。

由于嵌入角度不同，学者对嵌入性提出了多种划分方式，包括基于视角不同划分的宏观嵌入和微观嵌入（Halinen and Törnroos，1998）；从领域方面考虑划分的文化嵌入、认知嵌入、社会嵌入和政治嵌入（宋守信，2020）；通过层次划分得到的环境嵌入、组织间嵌入和二元关系嵌入（Hagedoorn，2006）。由于国家高新区创新系统脆弱性的形成过程既受到区域创新系统内部因素的影响，又受到复杂外部环境的扰动，因此本书将嵌入性划分为组织嵌入和环境嵌入两种类型。组织嵌入是系统内部结构对国家高新区创新系统脆弱性形成过程及脆弱性程度的影响，而环境嵌入是指系统所处的政治、社会、经济、生态等因素对国家高新区创新系统脆弱性的影响。

二 嵌入性视角下脆弱性原因分析

国家高新区创新系统脆弱性的成因分析是跨时期、跨地区、多系统的综合分析，其形成过程与程度高低受自身结构与所处城市环境的影响。本书从组织嵌入和环境嵌入角度，对影响国家高新区创新系统脆弱性的关联因素进行分析，如图 2-2 所示。

（一）组织嵌入因素

国家高新区创新系统脆弱性的组织嵌入因素是来自系统内部的、直接作用于区域创新系统本身，进而影响到系统脆弱性的因素。依据 PSR 模型，可进一步从压力和状态层面来分析。压力因素是影响创新

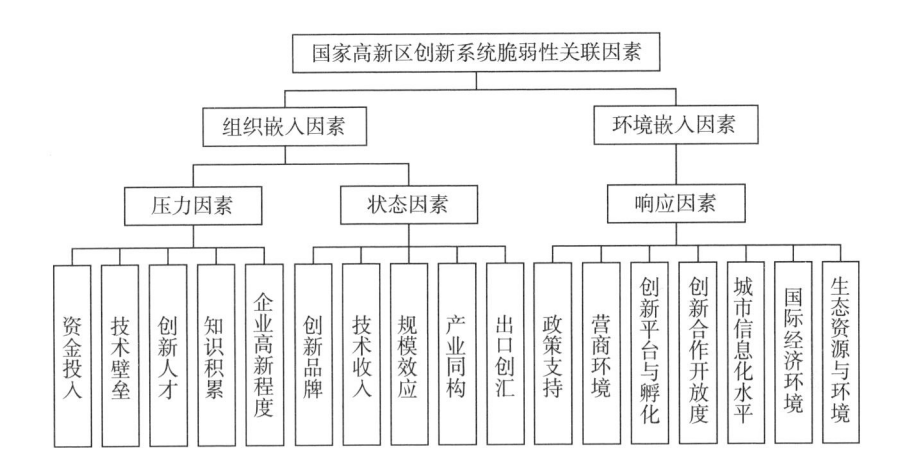

图 2-2 国家高新区创新系统脆弱性关联因素

系统脆弱性的直接因子,是一系列经济和社会活动对创新系统的直接作用;状态因素是由于压力因素的存在而导致区域创新系统呈现出来的一系列状态。

组织嵌入的压力因素主要是推动国家高新区创新系统发展的压力,往往与经济增长、高端要素聚集密不可分。反映经济增长的因素首先是总体资金投入,高新技术发展往往有着资金投入大、研发周期长等约束,资金投入意味着更大的发展机遇。其次是技术壁垒。当前随着全球经济下行趋势明显,全球贸易保护主义抬头,如何能突破技术难关、创造行业领先的价值成为重要的经济增长因素。高端要素的聚集同样会对国家高新区创新系统提供强劲发展动力,通过提高从业人员素质、汇聚创新人才、校企结合提高科研成果转化速度等手段,聚集一批高技术产业落户发展,并提升和加大高新企业之间相互的技术交流,达到"知识外溢"的效果,提升国家高新区的创新能力,进而降低国家高新区创新系统脆弱性。

组织嵌入的状态因素是国家高新区创新系统受压力因素影响后的具体表现,能反映出系统当前的脆弱性状态。分析系统的状态因素对于把控系统的关键脆弱元尤为重要,品牌效应、国际化情况、经济质量等方面均能反映出系统当前的状态。具体来说,品牌效应会为国家高新区带来口碑，便于打造出一批优质品牌，上海张江、北京中关村、武汉东湖就是典型的优秀案例。良好的国家高新区创新系统进而会吸引更多相关产业来此落户，形成规模效应，降低管理成本提高技术收入，增强出口创汇的能力。但也应该看到，这样的发展模式可能会导致产业同构现象，需要系统及时进行反馈调整。

（二）环境嵌入因素

与组织嵌入因素不同，环境嵌入因素并不直接对国家高新区创新系统的脆弱性产生影响，而是通过外部环境因素的波动来间接对系统进行效率提升、状态恢复和负面影响消除，且外部环境的因素往往处于动态发展之中，系统需要根据这些因素做出改善，进而降低创新系统脆弱性。

在环境嵌入因素中，首要的是政策支持与营商环境，二者是国家高新区创新发展的基石，良好的政策和营商环境能营造宽松诚信的发展空间。其次是创新平台的发展与完善，创新平台孵化、创新合作开放度以及高新区的信息化水平都为技术创新的交流提供了良好平台，更容易实现国家高新区创新系统的知识外溢。同时，需要关注国际经济环境的变化，规避国际风险，打造国家高新区的良好国际声誉，吸引更多外资与先进技术。在发展过程中，也应重视生态环境保护，走可持续发展之路，努力降低国家高新区创新系统脆弱性以实现良性循环。

第四节 国家高新区创新系统脆弱性驱动机理

国家高新区创新系统是具备目标一致性、组织有序性、要素相关性与外部环境交互性等属性的复杂系统，对于复杂系统的脆弱性分析可从系统评价和脆弱性分析两方面考虑。在系统评价中，以往研究通常考虑外部环境对系统的输入、系统内部的加工转换、转换后的输出与输出后的反馈四个关键环节（李海基等，2010）。其中，外部输入为国家高新区创新系统提供动力或创造阻力，系统的转换、输出环节反映系统的效率与作用水平,输出后产生反馈则帮助系统实现优化与升级,达到系统动态平衡、良性发展的目的。在脆弱性分析中,可以从内外扰动因素对系统造成的压力、系统接收压力后表现出的状态和脆弱性发生后的响应机制三个维度着眼。同时,国家高新区创新系统脆弱性三维度紧密关联,创新系统在内源性压力和外生性压力的共同作用下,表现出创新滞后、创新低效、创新失败等多种脆弱状态,这些状态在被创新系统的响应机制接收后会采取各种手段进行调整修复,并最终促进区域创新系统脆弱性的降低与恢复。

遵循PSR框架的基本分析思路,构建了国家高新区创新系统脆弱性驱动机理模型,模型整个系统具有动态传导机制特征,形成了一个有机的循环体系,其中压力是脆弱性产生的驱动力,状态是脆弱性施加的承载体,响应是脆弱性应对的处置力,状态作为压力作用的客体和响应反馈的主体,是PSR三维度汇聚的交集点。在内源性压力和外生性压力交互作用下,国家高新区受创新主体、创新中介、创新要素、创新环境的不稳定性、低协调度和敏感性影响,在知识技术、人员经费、组织机构和品牌成果等方面表现出受压状态,进而通过全要素的宏微观调控对受压状态进行调整响应,如图2-3所示。

一 压力:驱动力

国家高新区创新系统面临的内外部扰动因素是导致系统脆弱的根源,也是推动系统不断调整优化的驱动力。国家高新区创新系统脆弱性形成的压力机理可从系统的内部结构和所处的外部环境两方面寻找根源。一方面,国家高新区发展过程中创新系统链条内的创新投入、创新内容、创新主体和创新产出环节存在的薄弱点,使创新系统脆弱,其中资金投入不足、创新人才供给短缺、区域创新关联度偏弱和创新成果转化效率较低等非敏感因素负向影响,并且随着负向作用的渐进累积,国家高新区创新系统发生脆弱。另一方面,由于国家高新区创新系统自身的外部性、敏感性、易损性等特征,在参与外部活动时,容易受各城市创新产业同构、经济不景气和严重社会问题等敏感因素的干扰导致脆弱。通常在现实情境中,国家高新区创新系统运转困难后产生脆弱性是两种压力共同驱动的结果。

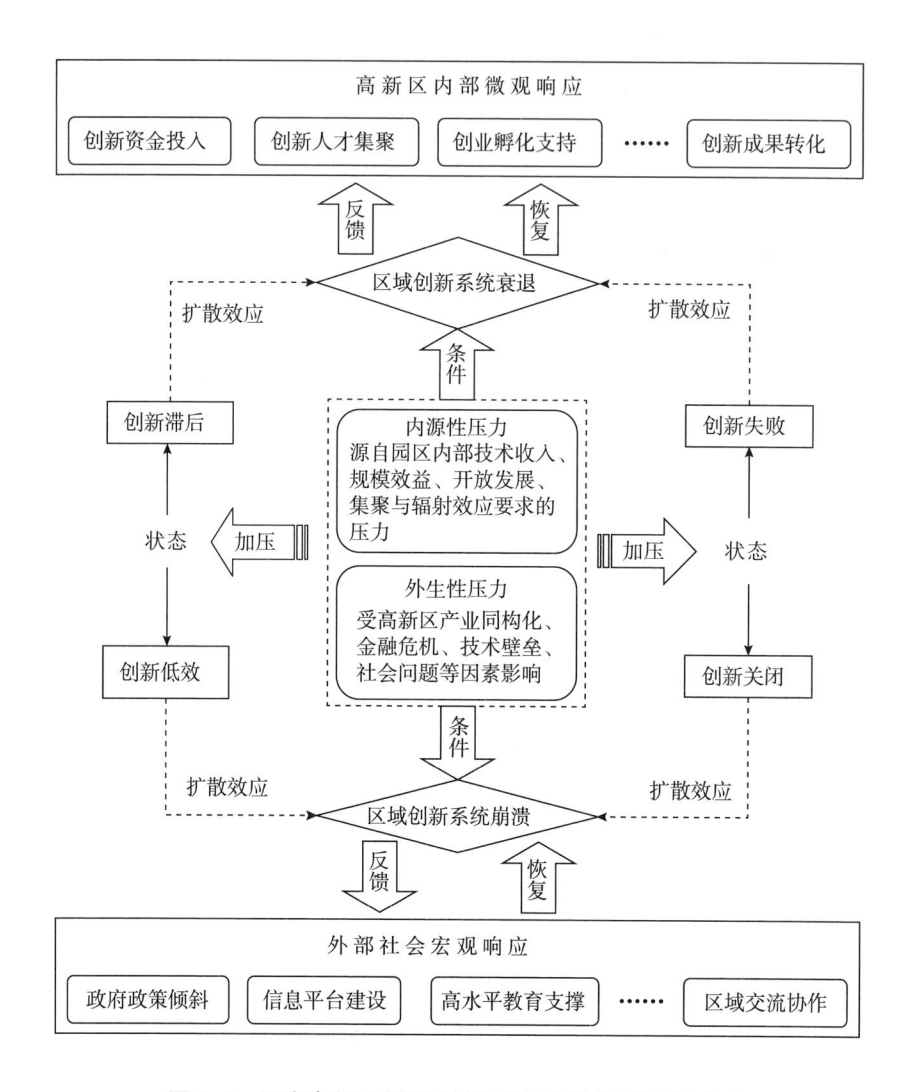

```
┌─────────────────────────────────────────────────────────┐
│                   高新区内部微观响应                      │
│  ┌────────┐ ┌────────┐ ┌────────┐      ┌────────┐     │
│  │创新资金投入│ │创新人才集聚│ │创业孵化支持│ …… │创新成果转化│  │
│  └────────┘ └────────┘ └────────┘      └────────┘     │
└─────────────────────────────────────────────────────────┘
            ⬆反馈              ⬆恢复
                ◇ 区域创新系统衰退 ◇
     扩散效应    ↑条件                  扩散效应
                ┌──────────────────┐
   ┌──────┐    │    内源性压力      │    ┌──────┐
   │创新滞后│    │源自园区内部技术收入、│    │创新失败│
   └──────┘    │规模效益、开放发展、 │    └──────┘
    状态 ⬅加压 │集聚与辐射效应要求的 │ 加压➡ 状态
              │       压力         │
   ┌──────┐    ├──────────────────┤    ┌──────┐
   │创新低效│    │    外生性压力      │    │创新关闭│
   └──────┘    │受高新区产业同构化、 │    └──────┘
              │金融危机、技术壁垒、 │
              │社会问题等因素影响   │
              └──────────────────┘
     扩散效应    ↓条件                  扩散效应
                ◇ 区域创新系统崩溃 ◇
            ⬇反馈              ⬇恢复
┌─────────────────────────────────────────────────────────┐
│                   外部社会宏观响应                        │
│  ┌────────┐ ┌────────┐ ┌────────┐      ┌────────┐     │
│  │政府政策倾斜│ │信息平台建设│ │高水平教育支撑│ …… │区域交流协作│  │
│  └────────┘ └────────┘ └────────┘      └────────┘     │
└─────────────────────────────────────────────────────────┘
```

图 2-3 国家高新区创新系统脆弱性驱动机理 PSR 范式

二 状态：承载力

状态系统是连接压力和响应系统的桥梁，当状态系统与其他系统衔接较差时会导致国家高新区在承载压力后呈衰退和低效状态，主要表现为核心技术缺乏、创新人才流失、创新技术钝化、企业高新程度和研发活力不足、创新绩效转化效率低下和区域辐射力弱等方面。当状态系统与响应系统连接出现问题时，则会影响整个系统的反馈和修复功能，响应系统可能会出现问题判别失误或失效，国家高新区创新系统真实的脆弱性问题将无法得以及时解决，这可能会造成创新资源的浪费、创新系统的紊乱和持续低效。因而，在国家高新区创新系统运行过程中，需要根据创新活动情况合理投入资源，并及时对创新系统表征和产出情况进行评价，以便在后续环节做好控制和改善工作。

三 响应：处置力

当国家高新区创新系统运作状态不佳时，系统的响应机制会发生作用。对于可修复的损害，国家高新区创新系统将积极调动各方面力量对各类负向作用力进行处置，维护创新系统的正常运作。具体而言，经济方面可通过加大创新资金投入、发挥协作规模效应、激活市场提高创新成果转化率等手段为国家高新区创新系统提供支撑；社会方面可从创新政策、创新技术设施、智慧城市、技术服务、产业布局等角度进行创新帮扶，提升系统整体稳定性；自然和资源角度可对创新资源、营商环境和生态发展等方面进行优化，提高国家高新区创新系统整体承载力。

第三章 国家高新区创新系统脆弱性评价

国家高新区在创新驱动发展示范区和高质量发展先行区建设中，必须不断优化创新体系以增强风险防控能力，而厘清创新脆弱状态就成为精准"堵漏补短"的重要前提。系统、客观的评价有助于准确掌握一定周期内国家高新区创新系统的脆弱状态，进而有效采取各项措施来降低系统脆弱性。本章基于国家高新区创新系统脆弱性驱动机理模型，建立了涵盖压力—状态—响应的评价指标体系，运用量化方法对国家高新区创新系统脆弱性进行测度和协调性分析，并从多维度聚类分析评价结果，以期结论真实、有效地反映国家高新区创新系统脆弱程度。

第一节 国家高新区创新系统脆弱性评价指标设计

一 评价指标选取原则

（一）科学性与实用性原则

科学性是判断事物是否符合客观事实的标准，一切科学工作都必须具备科学性。建立评价指标体系的科学性主要是指依据的内涵科学、理论科学、程序科学、思维逻辑科学和分析方法科学，并且整套指标体系要能反映国家高新区创新系统脆弱性的真实情况，同时满足计量软件对于数据的要求。评价指标的实用性主要是指指标帮助解决实际问题的能力，即该指标体系能反映国家高新区创新的整体状况及其优势与短板，以利于科学决策。

(二) 全面性与典型性原则

影响国家高新区创新脆弱性的因素很多，评价指标需要全面反映创新系统脆弱性的情况，没有全面、典型的因素是无法对国家高新区创新系统脆弱性进行科学评价的，评价指标要从全过程、全方位选取提炼，选取的评价指标应具有一定的综合性和典型代表性，这样使指标体系既简明扼要，又能全面如实地揭示国家高新区创新系统脆弱性的综合状态。

(三) 系统性与可操作性原则

国家高新区创新系统高效运转是一个综合各方因素达成目标的过程，各个因素之间存在一定的逻辑关系，国家高新区创新系统按照逻辑关系进行组合，才能保障整个创新过程顺利进行。依据要素之间逻辑关系建立的系统评价体系才能揭示各指标之间的真实关系和内在联系，并能从不同角度反映创新系统脆弱性的不同表征。国家高新区创新系统脆弱性评价体系研究兼具理论意义与实践价值，因此在选取指标时必须重视可操作性原则，保证指标数据的易获得和可量化。

二 评价指标体系构建

(一) 指标选取

根据 PSR 模型的作用机理，结合国内外学者对 P-S-R 模型的研究思想，从压力—状态—响应三个维度构建了国家高新区创新脆弱性评价指标体系，对创新系统脆弱性的扰动因素、敏感状态和自应对效果进行联动综合评价，旨在多角度揭示国家高新区的创新系统脆弱性表征。本书收集整理了我国 147 个国家高新区 2016—2020 年的相关创新数据，构建了国家高新区创新系统脆弱性评价指标体系，如表 3-1 所示。以五年作为国家高新区创新系统脆弱性研究的时间跨度，有利于更好地反映创新系统脆弱性的周期性变化特征，锁定长期积弱的薄弱环节和脆弱元，为改善脆弱状态提供有效建议。

各评价指标选取遵循如下思路：一是压力类指标，选取能反映国家高新区创新系统脆弱性存在内源性和外生性风险的指标，共计 7 项；二是状态类指标，选取能呈现国家高新区创新系统脆弱性现状的指标，共计 8 项；三是响应类指标，选取能表现国家高新区和社会各主体为改善创新系统脆弱性提供支持的指标，共计11项。从所选样本和指标考察研究有效性，P-S-R三类指标确定为26项，其中绝对指标8项、相对指标18项，从各指标对国家高新区创新系统脆弱性的作用方向、强度、持久性等方面，综合考虑各要素在不同环节的协调反应性。

表3-1　　国家高新区创新系统脆弱性评价指标体系

指标类型	指标内容	指标计算公式或含义	单位	属性	权重（%）
压力指标（P）	收入结构技术含量P1	技术性收入平均值/营业收入平均值	%	−	1.71
	创新规模效益P2	园区技术收入平均增速/R&D经费支出增速	%	−	1.10
	国际市场开拓水平P3	园区出口创汇区位熵	%	−	1.45
	产业集聚辐射力P4	（第i个园区营业收入/所有园区营业收入之和）/（第i个园区母城GDP/所有母城园区GDP之和）	%	−	1.95
	城市信息化水平P5	城市信息化指数	—	−	6.01
	主导产业同构性P6	各园区主导产业同质性	%	+	5.29
	工业节能降耗压力P7	万元工业增加值综合能耗均值	吨标准煤	+	25.23
状态指标（S）	智力资源与技术力量S1	园区所在母城高校、研发机构数	家	−	2.26
	企业知识技术积累S2	专利授权量增速	%	−	1.77
	人均研发经费投入S3	R&D经费支出/R&D人员全时当量	万元/人	−	1.46
	研发经费平均存量S4	经费支出×（1+经费年均增长率）/（经费年均增长率+缩减率），缩减率采用15%	万元	−	1.43
	研发人员密集度S5	R&D人员人数/从业人员人数	%	−	1.61
	从业人员转化度S6	高技术服务从业人员/从业人员总数	%	−	1.05
	企业研发重视程度S7	企业R&D经费支出均值	万元	−	0.84
	入驻企业高新程度S8	高新技术企业数/入驻企业数	%	−	6.53
响应指标（R）	从业人员受教育程度R1	大专及以上人员占比均值	%	−	2.27
	创新人才集聚速度R2	高新区科技活动人员增速	%	−	1.48
	研发创新强化度R3	R&D经费支出增速	%	−	1.51
	创业孵化支持水平R4	园区拥有的创新服务机构数	家	−	1.50

续表

指标类型	指标内容	指标计算公式或含义	单位	属性	权重（%）
响应指标（R）	创新主体培育进度 R5	新认定高新技术企业数	家	-	1.00
	创新协作开放度 R6	企业开展产学研合作研发费用支出的增速	%	-	1.89
	技术成果转化效率 R7	高新区技术合同成交额增速	%	-	1.49
	技术服务外向度 R8	技术服务出口创汇额/母城出口创汇总额	%	-	1.44
	政府创新倾斜度 R9	园区财政科技拨款值/（财政科技拨款均值+企业内部科技支出值）	%	-	13.74
	信息化平台建设 R10	母城互联网宽带及光纤用户数	万户	-	2.02
	单位产值降耗水平 R11	万元工业增加值的综合能耗降速值	%	-	11.97

注：①P3 国家高新区所在母城缺失数据用线性均值插值法补齐；②P5 统计口径变动，结合现实因素，参考最近披露的数据；③指标属性分正（+）和负（-），分别反映指标值与创新脆弱度正相关和负相关。

（二）指标释义

1. 压力指标（P）

国家高新区创新系统脆弱性压力指标包含降低脆弱度的正向压力和加重脆弱度的负向压力两类指标。选取正向压力指标考虑以下两点：第一，国家战略最新定位契合压力。高新区收入结构技术含量（P1）、创新规模效益（P2）是反映园区增长动力、经营方式、发展质量是否偏离其战略定位的重要指标。第二，社会环境变动适应压力。高新区提升国际市场影响力（P3）、扩大知识溢出效应（P4）、加强城市智能化建设（P5）是顺应经济全球化、知识经济化和网络信息化新形势的重要举措。国家高新区创新系统脆弱性负向压力指标选取响应国家"绿水青山就是金山银山"理论发展要求，园区产业结构趋同导致稀缺资源竞争性占用压力（P6）和工业发展使不可再生能源大量消耗压力（P7）是国家高新区创新绿色发展的短板。

2. 状态指标（S）

状态反映国家高新区在承压条件下创新系统脆弱性表征。状态类指标均与国家高新区创新系统脆弱性呈负相关。从两个维度分析国家高新区创新状态脆弱性：第一，技术创新支持。园区可获得性智力资源（S1）与内部知识技术积累（S2）是激发技术创新活力、提升技术转化效率的重要支撑，代表高新区创新潜力。第二，创新资源供给。园区重视研发经费投入（S3、S4）、科研人才引进（S5、S6）、高新企业培养（S7、S8）是国家高新区实现突破性创新和持续性输出的重要保证，反映国家高新区创新韧性。

3. 响应指标（R）

响应是国家高新区为补齐创新阶段性短板、优化创新系统结构、实现高质量发展目标做出的一系列努力，各项指标数值与脆弱度呈负相关。第一，园区内部响应。引导高素质人才（R1）向园区汇聚（R2）可提升创新力量，加大高新企业（R5）孵化培育力度（R3、R4）可壮大创新主体规模，强化技术协作（R6）和成果转化（R7、R8）可获得更多创新效益，这些内部响应手段能助力园区降低创新脆弱性。第二，外部宏观调控方。国家创新政策可从创新的倾斜力度（R9）、评定标准综合化（R10）、城市信息化建设（R11）、环境友好型建设（R12）等方面给予积极回应。结合国家高新区创新发展情况来看，这些外部力量也助推国家高新区创新系统脆弱性逐渐降低，使国家高新区创新更加稳健。

三 指标体系质量检验

对构建的创新系统脆弱性评价指标体系进行实证检验，是为评价结果能如实反映纵向时间维度和横向空间维度的差异提供保障，并且指标冗余度符合检验标准也是一套评价体系的必然要求，为此采用鉴别力和相关分析法进行双重实证检验。

（一）鉴别力分析

评价指标鉴别力是指评价指标衡量结果能有效反映不同国家高新区创新系统脆弱性差异程度的能力，采用变异系数来描述反映指标的鉴别力，计算方法如下：

$$\bar{X} = \frac{1}{n}\sum_{i=1}^{n} X_i \tag{3.1}$$

$$S_i = \sqrt{\frac{1}{n-1}\sum_{i=1}^{n}(X_i - \overline{X})^2} \quad (3.2)$$

$$V_i = \frac{S_i}{\overline{X}} \quad (3.3)$$

式中，$\overline{X}$ 为平均值，S_i 为标准差，V_i 为变异系数。

在鉴别力分析中，变异系数 V_i 越大意味着指标的鉴别力越强；反之则越差，鉴别力较小的指标可以考虑移除。根据上述原理，通过 SPSS23.0 软件得到 26 项指标变异系数值，如表 3-2 所示。依据结果可知，评价体系中 21 项指标变异系数均高于 0.45，鉴别力较好；有 5 项指标的变异系数在 0.45 以下，分别是创新规模效益（P2）、城市信息化水平（P5）、工业节能降耗压力（P7）、政府创新倾斜度（R9）、单位产值降耗水平（R11）。秉持谨慎性原则，为进一步确定这五项指标删除后是否会影响整个系统的脆弱性评价结果，接下来将针对这五项指标与系统其他指标进行相关分析。

表 3-2 　　国家高新区创新系统脆弱性评价指标鉴别力分析

指标	标准差	均值	变异系数	指标	标准差	均值	变异系数
P1	0.1156	0.0750	1.5409	S7	0.1261	0.0547	2.3048
P2	0.0696	0.6394	0.1089	S8	0.2368	0.4466	0.5301
P3	0.0854	0.0261	3.2710	R1	0.1417	0.1859	0.7620
P4	0.1729	0.2302	0.7510	R2	0.0871	0.0723	1.2058
P5	0.2002	0.5255	0.3810	R3	0.0917	0.0394	2.3282
P6	0.2098	0.4545	0.4615	R4	0.0915	0.0434	2.1095
P7	0.1715	0.8682	0.1975	R5	0.1388	0.0726	1.9113
S1	0.1536	0.1097	1.3993	R6	0.1157	0.0603	1.9201
S2	0.1814	0.1189	1.5252	R7	0.0924	0.0257	3.5922
S3	0.0846	0.0613	1.3804	R8	0.0850	0.0250	3.3932
S4	0.0830	0.0133	6.2448	R9	0.2106	0.6813	0.3091
S5	0.1001	0.1085	0.9222	R10	0.1798	0.1732	1.0380
S6	0.1306	0.1785	0.7318	R11	0.0825	0.9835	0.0839

(二) 相关性系数

国家高新区创新系统脆弱性评价的各项指标间存在一定的相关性，倘若相关性过高可能会导致关联指标重复参与加权计算过程，影响评价结果的科学性和可信度，因此计算分析评价体系中各项指标间的相关系数，有助于消除数据信息重复利用对评价结果的影响，降低评价体系冗余度。

1. 指标无量纲处理

为消除不同评价指标的单位或数量级不同带来的影响，需将指标进行标准化。标准化公式如下：

$$Z_i = \frac{X_i - \overline{X}}{S_i} \quad (3.4)$$

式中，X_i 为原始指标值，$\overline{X}$ 为平均值，S_i 为标准差，Z_i 为标准化后的指标值。

2. 计算指标间相关度

选取皮尔逊相关系数作为度量指标，计算公式如下：

$$R_{ij} = \frac{\sum_{k=1}^{n}(Z_{ki} - \overline{Z_i})(Z_{kj} - \overline{Z_j})}{\sqrt{\sum_{k=1}^{n}(Z_{ki} - \overline{Z_i})^2 (Z_{kj} - \overline{Z_j})^2}} \quad (3.5)$$

式中，R_{ij} 的范围为 -1 到 1 之间，值越接近 1 时表示两指标的正相关度越大，越接近 -1 时表示两指标的负相关度越大，为 0 则表示两指标线性无关。为进一步进行度量，规定一个临界值 M，当 $|R_{ij}| > M$ 时，认为两个指标是强相关关系，可以去除其中一个指标，本书取 M 为 0.7（范柏乃等，2002）。

运用 Matlab 软件计算变差系数低于 0.45 的五项指标与系统其他评价指标的相关系数，得到相关系数矩阵如表 3-3 所示。依据相关系数结果可知，创新规模效益（P2）、城市信息化水平（P5）、工业节能降耗压力（P7）、政府创新倾斜度（R9）、单位产值降耗水平（R11）五项指标的相关系数均低于给定的 M 值，这表明这些指标与其他指标不具有强相关性，因而不存在统计数据信息被充分使用影响国家高新区创新系统脆弱性评价结果科学性的问题，不会降低评价结果可信度。

表 3-3　　国家高新区创新系统脆弱性评价指标相关分析

指标	P2	P5	P7	R9	R11
P1	-0.0451	0.3769	-0.0162	-0.0969	0.0767
P2	—	0.0147	-0.0964	-0.0005	-0.0088
P3	-0.0010	-0.3102	0.0347	-0.1364	0.0320
P4	-0.0202	-0.1349	-0.3023	-0.5652	0.0955
P5	0.0147	—	0.0264	0.1111	0.0338
P6	-0.0490	-0.2038	-0.0860	0.0620	-0.1380
P7	-0.0964	0.0264	—	0.1681	-0.0605
S1	0.0466	0.5593	-0.2230	-0.1898	0.0736
S2	0.0430	0.6924	-0.0691	0.1668	0.0553
S3	-0.0082	-0.1253	-0.0055	-0.0119	-0.1163
S4	0.0112	0.2482	-0.0321	-0.0819	0.0131
S5	0.0056	0.3222	-0.0443	-0.1135	0.0961
S6	0.0029	0.4055	-0.1005	-0.1539	0.1174
S7	0.0284	0.4917	-0.1800	-0.1864	0.0524
S8	0.0584	0.5760	-0.0715	-0.0617	0.1451
R1	-0.0396	0.1431	-0.0929	0.0611	-0.2180
R2	0.0348	-0.1646	0.0075	0.1245	-0.2016
R3	0.0118	-0.1092	0.0581	0.1401	-0.6581
R4	0.0241	0.3560	-0.2115	-0.1777	0.0529
R5	0.0226	0.5644	-0.1901	-0.1684	0.0595
R6	0.0239	-0.0078	0.0617	0.1886	0.0329
R7	0.0294	-0.1854	-0.2401	-0.0436	0.0005
R8	-0.0010	-0.3056	0.0340	-0.1290	0.0311
R9	-0.0005	0.1111	0.1681	—	-0.1244
R10	0.0512	0.6678	-0.0411	0.1861	0.0819
R11	-0.0088	0.0338	-0.0605	-0.1244	—

经鉴别力和相关系数检验，选取的 26 项指标符合指标设计要求，充分考虑了差异度和冗余度要求，据此构建的国家高新区创新系统脆弱性评价体系能反映出不同国家高新区在时间和空间维度上的差异性特征，满足比较分析的要求。因此，后续实证研究将在该指标体系的逻辑下展开，保证评价结果科学可信。

第二节　国家高新区创新系统脆弱性实证测算

一　脆弱性评价模型构建

国家高新区创新系统脆弱性在 P-S-R 各环节的严重程度可通过具体指标数据定量反映，通过对收集的评价指标数据特征和各类量化数据处理方法适用情境的比较分析，决定选用熵值法对各指标数据进行处理，并在数据获取、运算和分析三阶段最大限度地保证其严谨性、精确性和客观性。

（一）无量纲化处理

国家高新区创新系统脆弱性评价体系涉及指标众多，且影响方向有正负之分。为消除量纲不一致无法进行综合测算的问题，选用极差法分年度对所有指标分正向影响、负向影响进行标准化处理，将其量化到 0—1。具体方法如下：

当 X_{ij} 是正向指标时：

$$Z_{ij} = \frac{X_{ij} - \min(X_{ij})}{\max X_{ij} - \min X_{ij}} \tag{3.6}$$

当 X_{ij} 是负向指标时：

$$Z_{ij} = \frac{\max X_{ij} - X_{ij}}{\max X_{ij} - \min X_{ij}} \tag{3.7}$$

式中，i 表示国家高新区，$i=1, 2, \cdots, 147$；j 表示创新系统脆弱性子指标，$j=1, 2, \cdots, 26$；X_{ij} 表示各项指标初始值；Z_{ij} 表示各项指标无量纲化后的标准化值。

(二) 指标熵权确定

$$P_{ij} = \frac{Z_{ij}}{\sum_{i=1}^{n} Z_{ij}} \quad (3.8)$$

$$e_j = -\frac{\sum_{i=1}^{n} P_{ij}\ln(P_{ij})}{\ln n} \quad (3.9)$$

$$d_j = 1 - e_j \quad (3.10)$$

$$W_j = \frac{d_j}{\sum_{j=1}^{m} d_j} \quad (3.11)$$

式中，P_{ij} 表示各项指标标准化数据比值，范围在 0—1；e_j 表示指标的信息熵；d_j 表示指标的信息熵冗余度；W_j 表示确定的各项指标权重。

(三) 脆弱性综合计算

国家高新区作为一个多要素交织的复杂区域创新系统，受经济水平、科技投入和科教基础等因素的共同影响，发展呈非均衡性特征，空间马太效应显著（胡树华等，2013）。为反映国家高新区创新系统脆弱性区域性特征，以客观赋权法分年度对各国家高新区创新子系统与综合系统的脆弱性指数进行测算。

第一，单个国家高新区创新子系统脆弱性指数：

$$VI_{ig} = \sum_{j=1}^{d} (W_j Z_{ij}) \quad (3.12)$$

式中，VI_{ig} 为国家高新区 i 的第 g 项子系统的创新系统脆弱性指数，VI_{ig} 值越大，表示脆弱程度越高；j 表示子系统 g 所包含指标；d 为子系统 g 的指标总个数。

第二，单个国家高新区创新系统综合脆弱性指数：

$$VI_i = \sum_{j=1}^{d} VI_{ig} \quad (3.13)$$

式中，VI_i 表示国家高新区 i 的创新系统脆弱性综合得分，VI_i 值越大，表示国家高新区创新系统脆弱程度越高。

在得到国家高新区创新系统脆弱性水平评价结果后,为便于清晰直观地展现国家高新区创新系统脆弱性空间差异,也便于后期有针对性地分类管理,采用Jenks最佳自然断裂分级法将国家高新区创新系统脆弱性由低到高分为五类。Jenks最佳自然断裂分级法是基于聚类分析中的单变量分类法,即在分级数确定的情况下,通过迭代计算类间的数据断点,使类中差异最小,类间差异最大,从而实现在较好保持数据统计特性下对数据中的相似值进行恰当分组(赖冠中、陈文音,2019)。

二 脆弱性综合评价结果

考虑数据的可获得性、连贯性和重要性,由于2017年以后批复的31个国家高新区部分连续性数据获取困难,本书以2017年以前批复的147个国家高新区为实证对象,覆盖现有国家高新区的83.05%,囊括了世界一流高科技园区、创新型科技园区和创新型特色园区这三类国家重点建设的所有园区。研究数据主要根据历年发布的《中国火炬统计年鉴》《国家重点园区监测报告》《中国城市统计年鉴》《中国城市竞争力报告》等重要年鉴和公报披露的统计数据整理得到,部分数据参照中国高新网、中国工商总局商标局权威网站。

(一)脆弱性排名及变动情况

按照上述运算步骤得到指标权重(见表3-1)和国家高新区创新系统脆弱性综合评价结果以及历年脆弱性水平变动情况(见表3-4),完整的测算结果及变动情况见书后附录。结果显示:压力层权重达42.74%,响应子系统权重40.31%,而状态子系统权重为16.95%,针对指标权重系数分布不均的状况,本书从数据运算过程和单项指标权重的角度进行了分析。其中,由于压力层的工业节能降耗压力(P7)和政府创新倾斜度(R9)、响应层单位产值降耗水平(R11)权重系数分别高达25.23%、13.74%、11.97%,有两项指标都与环境相关,表明在国家"绿水青山就是金山银山"理论号召下,生态效益是区域创新追求的核心目标之一,地区环境贡献正成为衡量国家高新区创新脆弱性的重要指标。此外,政府创新倾斜度(R9)是由科技财政拨款占财政与企业科技支出的比重得到,所占权重较高也反映出各国家高新区创新优惠政策力度不同。

第三章 国家高新区创新系统脆弱性评价

表 3-4　　国家高新区创新系统脆弱性综合测算结果

高新区	2016年 脆弱性	排名	2017年 脆弱性	排名	2018年 脆弱性	排名	2019年 脆弱性	排名	2020年 脆弱性	排名	排名变动情况
上海紫竹	38.45	1	35.66	3	27.50	1	29.09	1	27.54	1	↘↗－－
深圳	38.69	2	33.41	1	30.90	2	32.26	2	37.34	11	↗↘－↘
中关村	39.31	3	39.23	9	40.38	35	39.23	36	40.44	38	↘↘↘↗
广州	40.58	4	35.11	2	33.83	2	38.45	28	42.97	66	↗↗↘↘
上海张江	40.79	5	38.32	7	42.04	46	38.40	26	39.85	29	↘↘↗↘
苏州工业园	40.88	6	40.64	17	40.31	32	39.99	45	39.73	27	↘↘↘↗
合肥	41.25	7	40.68	18	40.33	33	40.09	46	39.84	28	↘↘↘↗
昆山	41.58	8	40.12	14	38.06	18	35.46	5	35.82	4	↘↘↗↗
扬州	42.45	9	42.09	33	36.54	9	36.76	12	38.54	18	↘↗↘↘
天津	42.59	10	40.71	19	36.90	13	39.97	44	39.39	26	↘↗↘↗
绍兴	42.60	11	44.00	63	39.84	29	38.19	38	42.42	58	↘↗↘↘
武汉	42.65	12	41.12	24	37.79	17	38.62	32	38.25	14	↘↗↘↗
厦门	42.67	13	40.35	15	36.78	11	38.51	30	39.17	23	↘↗↘↗
徐州	42.85	14	40.71	20	36.65	10	35.69	6	36.41	6	↘↗↗－
佛山	42.93	14	41.60	28	37.05	14	38.55	31	41.68	49	↘↗↘↘
......											
平顶山	48.31	73	45.16	71	49.00	106	43.55	77	45.36	84	↗↘↗↘
清远	48.40	74	45.33	75	46.06	76	42.52	68	41.78	51	↘↗↘↗
郑州	48.49	75	48.52	121	47.36	93	44.58	90	43.03	67	↘↗↗↗
马鞍山	48.58	76	46.21	89	47.10	89	48.15	120	47.09	102	↘－↘↗
镇江	48.82	77	52.21	140	42.47	51	40.75	75	39.08	22	↘↗↘↗
新余	48.86	78	46.87	104	47.97	97	47.37	113	47.42	106	↘↗↘↘
郴州	48.87	79	43.81	57	44.68	68	39.10	34	42.62	61	↗↘↗↘
龙岩	48.96	80	41.36	26	42.32	51	40.54	52	41.76	50	↗↘↗↗
湘潭	49.07	81	46.79	99	46.41	80	45.69	100	49.09	115	↘↗↘↘
长治	49.22	82	44.98	70	47.56	94	45.03	94	45.92	88	↗↘－↗
西安	49.31	83	45.79	80	47.05	88	38.19	23	40.39	35	↗↘↗↘
长春净月	49.36	84	41.94	31	39.68	27	38.09	20	36.38	5	↗↗↗↗
锦州	49.39	85	43.87	60	43.41	59	37.54	17	46.36	93	↗↗↗↘

续表

高新区	2016年 脆弱性	排名	2017年 脆弱性	排名	2018年 脆弱性	排名	2019年 脆弱性	排名	2020年 脆弱性	排名	排名变动情况
安康	49.43	86	43.74	55	50.29	114	47.26	112	46.54	97	↗↘↗↗
德州	49.45	87	45.98	85	50.71	120	44.37	86	46.30	91	↗↘↗↘
……
石河子	54.70	133	61.76	147	73.14	147	64.12	145	60.03	143	↘-↗↗
景德镇	54.80	134	46.50	92	50.47	117	47.21	111	44.18	79	↗↘↗↗
阜新	54.89	135	46.19	88	51.75	126	46.41	106	47.70	109	↗↘↗↘
益阳	55.07	136	50.99	135	51.95	127	49.03	126	47.62	108	↗↘↗↗
衡阳	55.09	137	47.20	111	52.98	132	47.05	110	41.99	55	↗↘↗↗
宝鸡	55.46	138	49.98	129	50.46	116	48.71	124	51.77	130	↗↗↘↘
洛阳	55.50	139	45.45	76	49.39	110	44.03	83	49.09	114	↗↘↗↘
乐山	55.70	140	50.56	131	56.68	140	57.68	142	60.42	144	↗↘↘↘
白银	56.85	141	55.45	143	59.42	143	57.87	143	58.17	140	↘--↗
包头	57.12	142	52.20	139	63.21	144	65.84	146	64.25	145	↗↘↘↗
鞍山	57.47	143	49.09	122	51.11	123	50.29	129	50.49	124	↗↘↗↗
淄博	57.64	144	56.37	144	55.65	138	54.34	138	55.83	138	-↗--
营口	57.95	145	50.76	133	53.38	134	61.28	144	58.62	141	↗↘↘↗
吉林	60.01	146	60.12	146	65.93	145	68.81	147	67.83	146	-↗↘↗
大庆	63.23	147	58.03	145	53.55	135	54.09	137	72.55	147	↗↗↘↘

注：鉴于篇幅限制，表中仅列示了前段、中段、后段各15个国家高新区；变动情况中"↗"表示增加、"↘"表示下降、"-"表示持平；排名按脆弱性从低到高排列。

根据表 3-4 历年脆弱性测算结果及变化情况可知，各国家高新区创新系统脆弱性水平波动较大，但脆弱性测算值总体呈下降趋势。依据排名分段分析发现，脆弱性水平较低的前 15 个国家高新区大多位于我国东部沿海地区，且批复设立时间相对较早，其中张江、天津、深圳、昆山、徐州、扬州、宁波、厦门高新区充分发挥了区位优势和政策条件，长期保持在较低的脆弱性水平，而中关村、广州、苏州等高新区先期脆弱性较低，随着后发国家高新区加速追赶，这些老牌国家高新区创新系统脆弱性明显上升；创新系统脆弱性水平处于中段附近的国家高新区排名上升幅度大，杭州、长春净月、沈阳、济南、株洲等高新区脆弱性实现连续下降；脆弱性排名居于末段的国家高新区一半以上位于我国西北和西南地区，但这些国家高新区总体脆弱性测算值变化不大，出现了长期积弱的局面。

（二）脆弱性分级评价结果

为进一步剖析国家高新区创新系统脆弱性，对国家高新区2016—2020年脆弱性综合测算结果采用自然断裂法分低创新脆弱性、较低创新脆弱性、中度创新脆弱性、较高创新脆弱性、高创新脆弱性五区进行比较。考虑篇幅限制和数据结构特征，综合评价和后文子系统评价分区仅列示2016年和2020年两年结果，如表3-5所示。

表3-5　2016年和2020年国家高新区创新系统脆弱性分级

级别	2016年 数量（个）	国家高新区	2020年 数量（个）	国家高新区
低创新脆弱性	16	中关村、天津、上海紫竹、上海张江、徐州、苏州工业园、昆山、苏州、扬州、绍兴、厦门、武汉、广州、深圳、佛山、宁波	31	上海张江、杭州、昆山、长春、徐州、成都、沈阳、唐山、福州、深圳、济南、芜湖、上海紫竹、武汉、武进、常熟、宁波、青岛、扬州、珠海、赣州、南通、镇江、厦门、长春净月、海口、重庆、璧山、天津、苏州、苏州工业园
较低创新脆弱性	43	唐山、沈阳、本溪、通化、南京、江阴、武进、常熟、南通、连云港、盐城、杭州、萧山、温州、嘉兴、湖州、衢州、合肥、芜湖、蚌埠、福州、泉州、鹰潭、吉安、青岛、黄河三角洲、烟台、随州、珠海、惠州、源城、东莞、中山、柳州、北海、重庆、璧山、成都、昆明、渭南、青海、银川、无锡	49	江门、承德、合肥、昆明、泉州、西安、温州、湖州、中关村、吉安、盐城、莱芜、无锡、太原、青海、肇庆、江阴、烟台、嘉兴、佛山、龙岩、清远、萧山、鹰潭、衡阳、银川、绍兴、长沙、株洲、郴州、蚌埠、南昌、哈尔滨、南京、广州、郑州、源城、通化、绵阳、中山、德阳、齐齐哈尔、焦作、抚州、随州、呼和浩特、连云港、景德镇、贵阳

续表

级别	2016年		2020年	
	数量(个)	国家高新区	数量(个)	国家高新区
中度创新脆弱性	39	承德、燕郊、太原、长治、大连、锦州、延吉、哈尔滨、常州、镇江、泰州、马鞍山、莆田、龙岩、新余、赣州、潍坊、威海、莱芜、德州、郑州、平顶山、宜昌、荆门、长沙、湘潭、郴州、江门、肇庆、清远、海口、德阳、绵阳、玉溪、西安、咸阳、杨凌、安康、呼和浩特	39	仙桃、保定、燕郊、平顶山、营口、临沂、新乡、长治、莆田、本溪、德州、石家庄、锦州、荆门、兰州、柳州、安康、南阳、石嘴山、三明、常州、马鞍山、潍坊、威海、玉溪、新余、黄河三角洲、益阳、阜新、南宁、自贡、襄阳、泰州、洛阳、湘潭、宜昌、衢州、杨凌、咸阳
较高创新脆弱性	34	石家庄、保定、辽阳、长春、长春净月、齐齐哈尔、三明、漳州、南昌、抚州、济南、枣庄、济宁、泰安、临沂、安阳、新乡、焦作、南阳、襄阳、孝感、仙桃、株洲、南宁、桂林、自贡、攀枝花、泸州、榆林、兰州、石嘴山、乌鲁木齐、昌吉、贵阳	21	攀枝花、乌鲁木齐、安阳、昌吉、东莞、鞍山、榆林、泰安、泸州、延吉、济宁、宝鸡、惠州、漳州、北海、大连、桂林、辽阳、孝感、淄博、渭南
高创新脆弱性	15	包头、鞍山、营口、阜新、大庆、吉林、景德镇、淄博、洛阳、衡阳、益阳、乐山、宝鸡、白银、石河子	7	白银、枣庄、石河子、乐山、包头、吉林、大庆

对比各年度国家高新区创新系统脆弱性分级结果发现，我国国家高新区创新脆弱性分布呈"橄榄形"特征，分布在完全低值区和完全高值区的国家高新区数量较少，80%的国家高新区创新脆弱性处于中等水平。从各分区数据对比结果来看，我国国家高新区创新系统脆弱性整体呈下降趋势，脆弱性低水平与较低水平的国家高新区数量由59个增加至80个，增长率达36%，涌现出福州、杭州、成都、济南、海口、重庆、璧山等一批低脆弱水平的后起之秀，这与2016年后国家从税收管理、技术激励、科技成果转化、人才服务保障等方面颁布多项支持国家高新区创新发展的政策文件密不可分，但绍兴、佛山两

大高新区经过五年的发展退出了脆弱性评价的第一梯队。其中，宁波、绍兴高新区创新发展主要依靠传统产业的科技转型来实现，但目前在纺织、化工、金属加工等五大重点产业科技转型中出现了技术水平低、科技人才少、信息专业人才缺乏、科技发展融资难的多重困境；佛山高新区践行的是新型研发机构主导的创新之路，研发机构科研团队"空心化"、产业衔接不畅、营利模式未形成和考核机制不健全等问题在发展后期十分严重。绍兴和佛山高新区创新系统脆弱性水平的变化情况表明了各国家高新区仍需密切关注自身创新系统内部的变动。

处于中度创新系统脆弱性的国家高新区数量虽未发生变化，但其中有31%的高新区由2016年的较高和高脆弱性水平改善至中度脆弱性水平。对比最后两个分级模块可以发现，较高和高脆弱性水平国家高新区数量已由2016年的49个下降至28个，降幅达43%，但其中攀枝花、大庆、吉林、包头在内的资源型和工业型城市高新区脆弱性较高，表明了城市进行高新技术转型发展仍有较大阻力。

（三）脆弱性空间特征分析

根据前文自然断裂法计算所得的历年脆弱性分级结果可见，我国国家高新区创新系统脆弱水平呈现由沿海向内陆逐渐升高的趋势，各年度低创新脆弱性与较低创新脆弱性所属的国家高新区主要分布在我国东部、东南部及部分中西部地区。从各年度国家高新区创新系统脆弱性总体分布规律来看，如中关村、张江、深圳、杭州、福州、深圳等位于东部及东南部的高新区，一方面，作为国家率先"试点"的高新区，这些地区聚集了我国众多高校院所，在创新政策支持、创新资金引入、创新技术积累和创新人才培育等方面优势明显；另一方面，受区位条件影响，这部分国家高新区的国际市场开拓水平高、创新成果转化快并且基础建设好，易于集聚产生规模效益。部分中西部地区国家高新区依托集群发展战略，实现跨区域联发展获取规模效益，如武汉城市圈、长株潭城市圈和成渝城市圈等。中度创新脆弱性国家高新区主要集中在我国内陆地区，包括仙桃、兰州、荆门、景德镇等高新区，这些高新区主要以承接成熟高新区产业转移为主要发展路径，在技术创新、产业结构同构化等方面脆弱性突出。创新系统脆弱性最高位的高新区主要分布在我国生态环境敏感度相对较高的西北和东北地区，西南地区也有少量分布，依据国家发展和改革委员会提出的"保护、治理与可持续发展"策略，这些区域的高新区在建设规模、资源利用等方面受限，又受深居内陆的地理位置影响，在吸引人才、招商引资、承接产业转移等方面举步维艰。

通过比较表3-5的2016年、2020年国家高新区创新系统脆弱性的空间分布变化可以发现，除西部地区外，全国各地区高新区脆弱性整体水平均有所降低。从我国四大经济区域①分布来看，位于东北地区的沈阳、鞍山、锦州、长春、齐齐哈尔、哈尔滨等高新区由2016年的高脆弱性转变为2020年的较低脆弱性，但大庆、吉林高新区创新系统仍处于高脆弱性状态；东部地区是我国国家高新区数量最多、分布最为密集的区域，同时创新系统脆弱性整体情况较为均衡、程度也最轻，河北和山东两地的高新区经过五年的发展也摆脱了高脆弱性；中部地区五年来在集群发展战略下积极打造创新城市群，发挥地区联动优势，大幅度降低了脆弱性程度，目前区域内已无高创新系统脆弱性高新区分布；西部地区高新区数量相对较少，且分布稀疏，深居内陆地区的高新区发展一方面多依靠自身资源优势；另一方面在承接东部优势地区的产业转移、吸引高科技人才、发挥规模效应等方面处于劣势地位，因而除重庆、成都、昆明、贵阳等经济发展较好的省会城市外，其他国家高新区创新系统脆弱性状况并不理想。

三 PSR子系统脆弱性表现

为深入分析导致国家高新区创新系统脆弱的关键环节，结合前文脆弱性评价单项指标和各准则层脆弱性指数，运用Matlab软件从压力

---

① "四大经济区域"是根据《中共中央、国务院关于促进中部地区崛起的若干意见》（中发〔2006〕10号）、《国务院发布关于西部大开发若干政策措施的实施意见》（国办发〔2001〕73号）以及党的十六大报告的精神，将我国划分为东部、中部、西部、东北四大地区的一种区域划分结果。其中，东部地区包括京、津、冀、沪、苏、浙、闽、鲁、粤、琼10省份，中部地区包括晋、皖、赣、豫、鄂、湘6省份，西部地区包括蒙、桂、渝、川、黔、滇、藏、陕、甘、青、宁、新12省份，东北地区包括辽、吉、黑3省份。

（P）、状态（S）和响应（R）三个子系统角度对测度结果进行空间分析。

（一）压力子系统脆弱性

国家高新区创新系统压力层是引发脆弱性的首要环节，对脆弱性压力指标进行测度和分析有助于帮助国家高新区发现问题，规避脆弱性风险。在对求得的压力指标测算结果进行自然断裂分级后，得到国家高新区历年创新系统脆弱性压力（P）的分级结果。限于篇幅，此处仅呈现2016年和2020年的国家高新区创新系统脆弱性压力（P）的分级情况，如表3-6所示。

表3-6　2016年和2020年国家高新区创新系统脆弱性压力（P）分级

级别	2016年		2020年	
	数量（个）	国家高新区	数量（个）	国家高新区
低创新脆弱性	23	上海张江、上海紫竹、长春、长春净月、厦门、杭州、银川、惠州、宁波、武进、镇江、大连、本溪、广州、徐州、东营、景德镇、海口、南通、东莞、通化、锦州、吉安	30	上海张江、上海紫竹、杭州、长春、长春净月、海口、厦门、银川、深圳、武进、本溪、惠州、徐州、吉安、鞍山、东莞、营口、武汉、新余、沈阳、南通、龙岩、赣州、扬州、福州、北海、鹰潭、通化、景德镇、保定
较低创新脆弱性	45	湘潭、佛山、呼和浩特、扬州、潍坊、鹰潭、太原、郑州、常熟、保定、昆山、新余、天津、深圳、珠海、绍兴、北海、绵阳、湖州、萧山、西安、盐城、连云港、辽阳、鞍山、哈尔滨、阜新、龙岩、福州、威海、德阳、无锡、泉州、青岛、泰安、源城、青海、莆田、齐齐哈尔、玉溪、沈阳、唐山、洛阳、衢州、济南	58	盐城、锦州、常熟、阜新、镇江、绵阳、齐齐哈尔、湖州、青岛、唐山、昆山、连云港、东营、哈尔滨、柳州、源城、青海、天津、无锡、珠海、济南、太原、莆田、德阳、温州、成都、绍兴、烟台、蚌埠、合肥、安康、石嘴山、长治、泉州、芜湖、郴州、长沙、昆明、嘉兴、重庆、璧山、自贡、承德、威海、新乡、随州、南宁、莱芜、咸阳、杨凌、佛山、洛阳、临沂、呼和浩特、江门、襄阳、清远、石家庄

续表

级别	2016年		2020年	
	数量（个）	国家高新区	数量（个）	国家高新区
中度创新脆弱性	39	常州、蚌埠、株洲、温州、嘉兴、泰州、南京、芜湖、昆明、长沙、烟台、成都、苏州工业园、苏州、长治、安康、柳州、襄阳、宝鸡、中山、自贡、南宁、延吉、合肥、江门、重庆、重庆璧山、中关村、武汉、江阴、营口、桂林、南昌、莱芜、荆门、石嘴山、新乡、益阳、承德	43	焦作、泰州、南阳、宝鸡、延吉、攀枝花、株洲、泰安、益阳、德州、兰州、三明、抚州、肇庆、苏州、苏州工业园、衡阳、西安、宁波、平顶山、桂林、中山、萧山、潍坊、常州、江阴、南京、湘潭、仙桃、廊坊、昌吉、南昌、广州、安阳、玉溪、荆门、贵阳、漳州、济宁、郑州、泸州、孝感、马鞍山
较高创新脆弱性	32	清远、漳州、平顶山、临沂、石家庄、大庆、攀枝花、杨凌、咸阳、乐山、肇庆、德州、郴州、马鞍山、衡阳、南阳、昌吉、孝感、赣州、枣庄、焦作、廊坊、抚州、兰州、随州、安阳、白银、泸州、仙桃、渭南、济宁、乌鲁木齐	14	衢州、榆林、乌鲁木齐、辽阳、乐山、白银、大连、淄博、枣庄、中关村、宜昌、渭南、包头、吉林
高创新脆弱性	8	包头、贵阳、三明、榆林、淄博、宜昌、吉林、石河子	2	石河子、大庆

通过比较可以发现，全国高新区创新系统压力脆弱性转好，空间分异减弱。2020年我国国家高新区创新系统压力脆弱性大幅度降低，脆弱水平中度及以下国家高新区占比由73%上升至89%，较高和高脆弱水平国家高新区数量由40个降至16个。

对2016年和2020年创新系统压力脆弱性单项指标进行分析发现，虽然我国高新区创新系统脆弱性压力层各指标单项脆弱性指数呈下降趋势，但指标中城市信息化水平（P5）、主导产业同构性（P6）五年来仍明显高于其他指标，依托部分工业化水平较高的城市建设的国家高新区工业节能降耗压力（P7）的脆弱性得分也一直偏高。从2020年各高新区创新系统压力脆弱性水平来看，处在低与较低压力脆弱性水平的国家高新区一般是设立在经济发展状况好的地区，这些高新区在收入结构技术含量（P1）、城市信息化水平（P5）和工业节能降耗压力（P7）上的表现较好，但包括上海紫竹、杭州、武进、长春净月、重庆和璧山等在内的"示范性"高新区在产业集聚辐射力（P4）这项指标上脆弱性较高；处于较高与高压力脆弱性水平的国家高新区则在收入结构技术含量（P1）、城市信息化水平（P5）和工业节能降耗压力（P7）三项指标评价上表现较差，尤其是大庆、吉林、包头等依靠资源和工业拉动的高新区，其中上海张江与中关村创新系统压力脆弱性水平较高的原因主要在于主导产业同构化（P6）严重，伴随后发园区的学习与追赶，先进园区的竞争优势逐渐减弱，新的发展模式亟待探索；创新系统脆弱性处于中间水平的国家高新区，其压力指标脆弱性与较高、高脆弱性水平的高新区表现基本一致。

（二）状态子系统脆弱性

国家高新区创新系统状态指标反映国家高新区在智力知识积累、科技人员集聚与转化、研发经费投入和高新企业创新等方面的能力，对根据评价模型测算得到的各国家高新区创新系统脆弱性状态（S）进行分级，如表3-7所示。

表3-7 2016年和2020年国家高新区创新系统脆弱性状态（S）分级

级别	2016年		2020年	
	数量（个）	国家高新区	数量（个）	国家高新区
低创新脆弱性	11	渭南、东营、苏州工业园、苏州、昆山、赣州、深圳、常熟、绍兴、天津、武汉	13	北京、上海张江、上海紫竹、赣州、昆山、唐山、焦作、江阴、苏州、苏州工业园、莱芜、南通、萧山
较低创新脆弱性	42	盐城、榆林、上海张江、上海紫竹、扬州、烟台、三明、萧山、中关村、源城、南通、德州、吉安、平顶山、嘉兴、徐州、泰州、唐山、宜昌、湖州、银川、鹰潭、廊坊、合肥、重庆、璧山、随州、沈阳、温州、通化、枣庄、焦作、延吉、石河子、武进、郴州、泉州、中山、江阴、荆门、芜湖、柳州	46	承德、肇庆、重庆、璧山、常熟、徐州、湘潭、郑州、昆明、盐城、衡阳、宜昌、贵阳、沈阳、天津、德州、青海、成都、长春、长春净月、石河子、珠海、镇江、抚州、随州、嘉兴、济南、江门、廊坊、榆林、吉安、乌鲁木齐、芜湖、银川、平顶山、泉州、合肥、扬州、杭州、湖州、烟台、清远、西安、福州、三明、通化

续表

级别	2016 年		2020 年	
	数量（个）	国家高新区	数量（个）	国家高新区
中度创新脆弱性	46	南京、咸阳、杨凌、莱芜、承德、仙桃、青海、清远、德阳、江门、蚌埠、玉溪、宁波、龙岩、乌鲁木齐、安康、抚州、北海、临沂、广州、佛山、惠州、常州、安阳、连云港、马鞍山、泸州、福州、无锡、南阳、东莞、衢州、昆明、漳州、本溪、威海、肇庆、新余、攀枝花、成都、长治、潍坊、珠海、莆田、昌吉、孝感	45	中山、太原、鹰潭、德阳、株洲、马鞍山、龙岩、南昌、温州、蚌埠、仙桃、南阳、临沂、郴州、武进、源城、渭南、玉溪、哈尔滨、安康、无锡、宁波、南京、厦门、青岛、绍兴、海口、荆门、新乡、昌吉、衢州、安阳、齐齐哈尔、常州、石嘴山、莆田、益阳、大连、兰州、佛山、呼和浩特、自贡、泰州、泸州、攀枝花
较高创新脆弱性	28	杭州、吉林、淄博、青岛、贵阳、桂林、济宁、兰州、厦门、新乡、自贡、包头、大连、石家庄、石嘴山、呼和浩特、太原、长沙、湘潭、西安、泰安、襄阳、锦州、镇江、南昌、哈尔滨、绵阳、齐齐哈尔	32	石家庄、绵阳、营口、济宁、深圳、潍坊、东营、景德镇、长沙、广州、武汉、襄阳、长治、延吉、连云港、锦州、枣庄、阜新、漳州、淄博、辽阳、新余、威海、泰安、宝鸡、洛阳、白银、保定、南宁、本溪、咸阳、杨凌
高创新脆弱性	20	益阳、白银、衡阳、海口、长春、长春净月、济南、南宁、阜新、宝鸡、乐山、辽阳、郑州、株洲、保定、洛阳、景德镇、营口、鞍山、大庆	11	大庆、孝感、柳州、吉林、乐山、包头、桂林、鞍山、东莞、北海、惠州

通过比较可以发现，各国家高新区创新系统状态子系统脆弱性略微转好，但总体状态脆弱性变化不大。从分级结果来看，处于低与较低脆弱性的国家高新区数量由 53 个升至 59 个，处于高与较高脆弱程度的国家高新区数量由 48 个降至 43 个；从脆弱性空间特征来分析，我国国家高新区创新系统状态呈高与较高脆弱性的园区表现出"块状"分布，且除我国中部地区高脆弱性高新区数量明显下降外，其他地区空间分布上未发生显著变化。

对状态层单项指标进行具体分析可见，较 2016 年状态层的 8 项指标中仅人均研发经费投入（S3）和入驻企业高新程度（S8）两项呈下降趋势，同时智力资源与技术力量（S1）和入驻企业高新程度（S8）两项脆弱性水平明显高于其他指标。在分级结果中，处于脆弱性状态较高的两档国家高新区在研发人员密集度（S5）、入驻企业高新程度（S8）上脆弱度偏高，但在企业研发重视程度（S7）和企业知识技术积累（S2）上表现相对较好，反映出这部分国家高新区重视创新水平提升。然而，脆弱性状态水平较低两档高新区在智力资源与技术力量（S1）、研发经费平均存量（S4）和从业人员转化度（S6）三个方面尚待加强，但总体上各指标得分相对均匀，"积贫积弱"现象不显著，其中上海张江、杭州、北京中关村、重庆、苏州等一批处于领先水平的高新区在企业知识技术积累（S2）、企业研发重视程度（S7）和入驻企业高新程度（S8）明显优于其他高新区。此外，由于各园区重视研发投入、善于依托母城科教资源、积极吸纳创新人才，在智力资源与技术力量（S1）、人均研发经费投入（S3）、从业人员转化度（S6）等方面状态较好。

（三）响应子系统脆弱性

响应系统是国家高新区为补齐创新阶段性短板、优化创新系统结构、实现高质量发展目标做出的一系列努力，该类指标实际作用的发挥能有效地降低国家高新区创新系统脆弱性。通过表3-8我国国家高新区创新系统脆弱性状态（R）的分布特征可见，国家高新区响应子系统脆弱度低于压力、状态子系统，但响应层内部脆弱性有由低向高转化的趋势。

表3-8 2016年和2020年国家高新区创新系统脆弱性响应（R）分级

级别	2016年		2020年	
	数量（个）	国家高新区	数量（个）	国家高新区
低创新脆弱	22	中关村、广州、深圳、苏州工业园、苏州、青岛、郑州、宜昌、厦门、长沙、合肥、佛山、成都、上海张江、上海紫竹、柳州、芜湖、武汉、珠海、衢州、福州、昆明	15	广州、武汉、北京、深圳、成都、西安、上海张江、上海紫竹、青岛、长沙、佛山、芜湖、福州、宁波、南京

续表

级别	2016 年 数量（个）	2016 年 国家高新区	2020 年 数量（个）	2020 年 国家高新区
较低创新脆弱性	34	杭州、随州、昆山、扬州、泉州、宁波、济南、重庆、璧山、石河子、嘉兴、江阴、南京、马鞍山、中山、惠州、株洲、绍兴、海口、东莞、天津、徐州、绵阳、西安、连云港、哈尔滨、蚌埠、无锡、南昌、南宁、北海、肇庆、大连、贵阳	30	杭州、苏州、苏州工业园、济南、南昌、昆山、宜昌、柳州、石河子、沈阳、江门、保定、温州、合肥、珠海、株洲、扬州、郑州、惠州、南宁、重庆、璧山、无锡、连云港、呼和浩特、泉州、武进、辽阳、清远、徐州
中度创新脆弱性	36	武进、镇江、常州、湘潭、南通、锦州、江门、清远、威海、温州、本溪、承德、青海、长治、保定、常熟、荆门、衡阳、太原、石家庄、乐山、辽阳、玉溪、襄阳、孝感、乌鲁木齐、齐齐哈尔、湖州、盐城、郴州、源城、兰州、潍坊、烟台、沈阳、唐山	42	唐山、威海、肇庆、衡阳、长春、长春净月、镇江、中山、淄博、江阴、太原、天津、承德、潍坊、绍兴、厦门、昆明、常熟、萧山、绵阳、湖州、烟台、荆门、衢州、海口、马鞍山、东莞、郴州、贵阳、长治、仙桃、湘潭、景德镇、咸阳、杨凌、莱芜、嘉兴、大庆、石家庄、洛阳、兰州、蚌埠
较高创新脆弱性	36	萧山、淄博、昌吉、洛阳、攀枝花、自贡、桂林、长春、长春净月、呼和浩特、大庆、平顶山、济宁、咸阳、杨凌、鹰潭、宝鸡、安康、抚州、鞍山、益阳、廊坊、泰安、德阳、渭南、仙桃、白银、漳州、吉安、莱芜、榆林、新余、泰州、通化、赣州、莆田	33	常州、南通、大连、本溪、哈尔滨、桂林、抚州、齐齐哈尔、锦州、青海、包头、廊坊、孝感、龙岩、源城、盐城、鹰潭、玉溪、泰安、吉安、平顶山、襄阳、赣州、益阳、鞍山、新乡、乌鲁木齐、北海、新余、漳州、阜新、德阳、随州
高创新脆弱性	19	包头、泸州、景德镇、新乡、三明、石嘴山、南阳、龙岩、德州、营口、阜新、临沂、焦作、安阳、枣庄、吉林、银川、东营、延吉	27	宝鸡、泸州、白银、临沂、济宁、通化、莆田、营口、泰州、南阳、自贡、石嘴山、三明、东营、渭南、乐山、榆林、焦作、攀枝花、安阳、延吉、枣庄、安康、德州、银川、昌吉、吉林

进行总体比较分析发现，2020 年较比 2016 年脆弱性响应水平较高的两档国家高新区数量由 55 个升至 60 个，其中高脆弱性响应国家高新区数量增幅达 42%。从空间分布上看，这部分国家高新区多位于

我国吉林、山西、山东、江西、河南、新疆和四川等省份，且均在政府创新倾斜度（R9）、信息化平台建设（R10）和单位产值降耗水平（R11）等方面脆弱性较高，应大力支持其发展以尽早摆脱资源依赖和基础设施薄弱的困局。然而，各国家高新区在从业人员受教育程度（R1）、创新主体培育进度（R5）两方面已取得较大进步，脆弱程度下降明显，其他指标的脆弱性评价值分布较为均衡且波动不大。

第三节 国家高新区创新系统脆弱性聚类分析

一 熵权云模型

云是利用语言表示某个定性概念与其定量表示之间不确定性的转换模型，主要反映自然语言中的模糊性和随机性两种不确定性，并完成定性和定量间的映射（李德毅等，2004）。依据前文熵值法计算得到的各国家高新区创新系统脆弱性水平值，参考科技部颁布的园区分类标准，利用云模型可实现从不同细分维度对国家高新区创新系统脆弱水平进行切片分析。结合本书数字特征，采用普遍适用于自然科学领域研究的正向云模型。

（一）计算云数字特征

云的数字特征把模糊性和随机性完全集成到一起，构成定性和定量相互间的映射，而云滴是云这种分布中的一个具体的点，这个点出现在这个分布中是有一定概率的，主要涉及三个数字特征。

第一，期望 E_x，是云滴在论域中的分布期望，能代表定性概念的点值，即云的中心位置：

$$E_x = \frac{1}{n}\sum_{i=1}^{n} X_i \tag{3.14}$$

第二，熵 E_n，代表云滴分布的不确定性和模糊性，由离散程度和模糊程度共同决定：

$$E_n = \sqrt{\frac{\pi}{2}} \times \frac{1}{n}\sum_{i=1}^{n} |X_i - E_x| \tag{3.15}$$

第三，超熵 H_e，用来度量熵的不确定性，间接反映了云的厚度，超熵越大，云滴离散程度越大：

$$H_e = \sqrt{S^2 - E_n^2} \tag{3.16}$$

式中，X_i 为根据前文熵值法计算得到的第 i 个国家高新区的创新系统脆弱性水平值（$i=1, 2, \cdots, 147$），S^2 为样本 X_i 的方差。

由于不同类型园区内部包含多个国家高新区，因此需运用虚拟云理论中的综合云算法将各国家高新区创新系统脆弱性评价的云结果综合起来，得到一类园区的综合云评价结果。

（二）计算综合云评价结果

$$E_x = \frac{\sum_{i=1}^{n} W_i E_{xi}}{\sum_{i=1}^{n} W_i} \tag{3.17}$$

$$E_n = \frac{\sum_{i=1}^{n} W_i^2 E_{ni}}{\sum_{i=1}^{n} W_i^2} \tag{3.18}$$

$$H_e = \frac{\sum_{i=1}^{n} W_i^2 H_{ei}}{\sum_{i=1}^{n} W_i^2} \tag{3.19}$$

利用 Matlab 计算各评价对象的云数字特征后，再通过软件的正向云发生器模拟出不同类型园区的创新系统脆弱性水平的正态分布云图，对评价云图中的各类型园区结果进行比较，可总结出不同因素对国家高新区创新脆弱水平的影响程度。

二　脆弱性多维聚类分析

为明确战略定位、成长周期、发展路径和区位条件等因素对国家高新区创新系统脆弱性的影响，本书在各国家高新区创新系统脆弱性测度结果基础上，从多维角度统计2020年各类国家高新区脆弱度（见表3-9），并采用云模型进行细分维度的脆弱性比较分析。

表 3-9　　国家高新区创新系统脆弱性多维特征比较

园区类型	P 值		S 值		R 值		综合值	偏离度（%）
	最大值	最小值	最大值	最小值	最大值	最小值		
世界一流高科技园区	12.85		16.36		8.52		37.73	-15.73
	21.99	7.30	20.60	11.00	10.89	6.61		
创新型科技园区	14.92		18.83		11.42		45.17	0.79
	36.18	8.86	23.69	14.49	14.78	9.03		
创新型特色园区	14.61		18.93		12.25		45.79	2.34
	25.54	9.69	30.95	14.02	16.15	9.11		
非"三类园区"	13.70		18.22		13.24		45.16	2.89
	33.98	7.30	27.79	11.27	16.53	8.97		
稳定期园区	14.26		18.86		11.25		44.37	-1.05
	36.18	7.30	30.95	11.00	16.53	6.61		
新升级园区	13.83		18.00		13.25		45.08	0.61
	33.98	7.30	27.79	11.27	16.44	8.97		
自主创新示范区	14.01		17.62		10.94		42.57	-4.82
	33.98	7.30	30.95	11.00	16.44	6.61		
非自主创新示范区	13.97		18.72		13.43		46.12	2.80
	36.18	7.30	27.79	11.27	16.53	8.97		
东北地区	14.69		20.20		13.48		48.37	7.83
	36.18	8.86	25.89	15.57	16.53	10.35		
东部地区	13.05		17.57		11.79		42.41	-5.40
	21.99	7.30	30.95	11.00	16.16	6.61		
西部地区	15.49		19.39		13.37		48.25	7.54
	33.98	9.39	27.79	14.95	16.44	8.39		
中部地区	13.97		17.79		12.61		44.37	-0.70
	23.43	10.36	24.16	13.56	16.01	6.90		

通过表 3-9 可见，纵向上各类园区在细分维度内部"梯度"分级明显，横向上一类园区内部所辖国家高新区差异显著，发展呈非均衡性特征。国家高新区创新系统状态（S）脆弱性均值最高，压力（P）脆弱性差异最大，最高达 4.96 倍，状态（S）和响应（R）指数内部

差异为1—3倍。从脆弱性得分的偏离度上可以发现，仅世界一流高科技园区、稳定期园区、自主创新示范区、东部地区和中部地区的偏离度为负值，即创新系统脆弱性低于平均水平，也进一步佐证了战略定位、成长周期、发展路径和区位条件因素会直接影响国家高新区创新系统脆弱水平。

根据云模型计算得到的数字特征，利用正向云发生器生成各类园区评价云图，为更直观地进行对比分析，书中将不同类型划分的园区评价云图进行了叠加。

（一）"三大类"与"非三大类"园区比较

通过对云模型数字特征和评价云图分析可见，战略定位对不同园区脆弱性产生影响，且脆弱性程度差异较为显著。依据表3-10和图3-1，发现脆弱性期望值上仅世界一流园区创新系统脆弱性期望值低于40，明显低于其他园区；熵值上创新型科技园区熵值最大，对应的脆弱性评价云图跨度也最大，且在60—70仍有明显分布，世界一流园区跨度最小，极少数云滴分布在50以上；从超熵值来看，世界一流高科技园区超熵值最小，云滴凝聚抱合度最优，创新型科技园区云滴凝聚抱合度最弱。

表3-10　　　"三大类—非三大类"园区云模型数字特征

分类	E_x	E_n	H_e
世界一流高科技园区	37.81	3.74	2.07
创新型科技园区	45.22	7.55	4.06
创新型特色园区	45.91	5.79	1.31
非"三类园区"	46.16	5.84	2.13

从国家高新区创新PSR各子系统角度，对高脆弱性环节及其指标进行具体分析发现，世界一流高科技园区压力层中收入结构技术含量（P1）、城市信息化水平（P5），状态层中智力资源与技术力量（S1）、企业知识技术积累（S2）、企业研发重视程度（S7）、入驻企业高新程度（S8）和响应层中从业人员受教育程度（R1）、创新主体

培育进度（R5）、信息化平台建设（R10）指标的脆弱性水平较低，但在主导产业同构性（P6）、工业节能降耗压力（P7）和政府创新倾斜度（R9）三项指标上的脆弱性偏高。此外，三种类型的园区与世界一流高科技园区的差距主要集中在状态指标上，反映出各国家高新区在技术创新、资源集聚与科技成果转化等方面效率会受国家战略布局的影响，同时压力和状态层都涉及的城市信息化建设程度也制约着其他三种类型园区的发展。

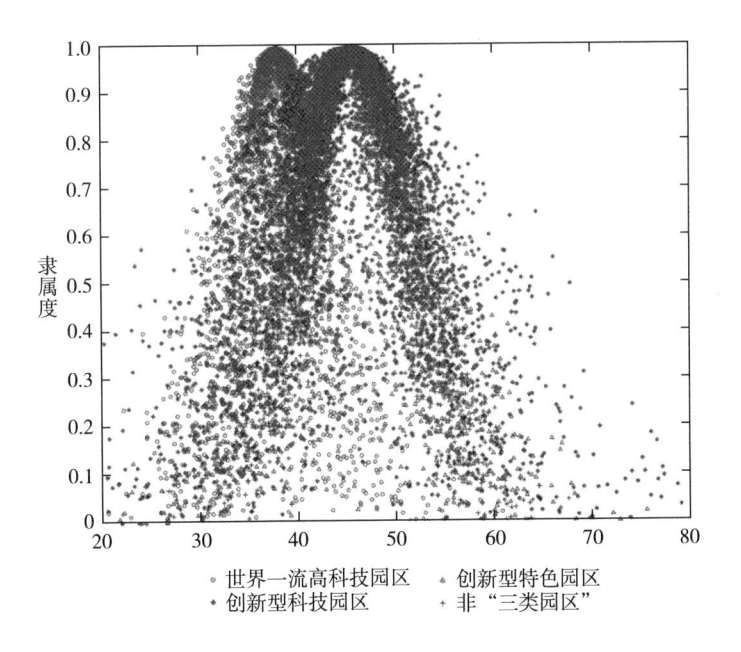

图 3-1 "三大类—非三大类"园区创新系统脆弱性评价云图

（二）稳定期园区与新升级园区比较

从时间角度分析表 3-11 和图 3-2 可以发现，稳定期园区与新升级园区在创新系统脆弱性期望值差距较小，在评价云图中稳定期园区云图跨度较大，云滴在 70—80 区间仍有分布，但新升级园区云滴凝聚抱合度较好，跨度也较小，且无云滴分布在 70—80 区间。这表明时间因素会扩大各国家高新区创新系统脆弱性差距，并且新升级园区通过创新学习和承接产业转移实现快速发展并有效降低自身脆弱性。

表 3-11 "稳定期—新升级"国家高新区云模型数字特征

分类	E_x	E_n	H_e
稳定期园区	44.39	7.32	3.24
新升级园区	45.14	5.55	1.34

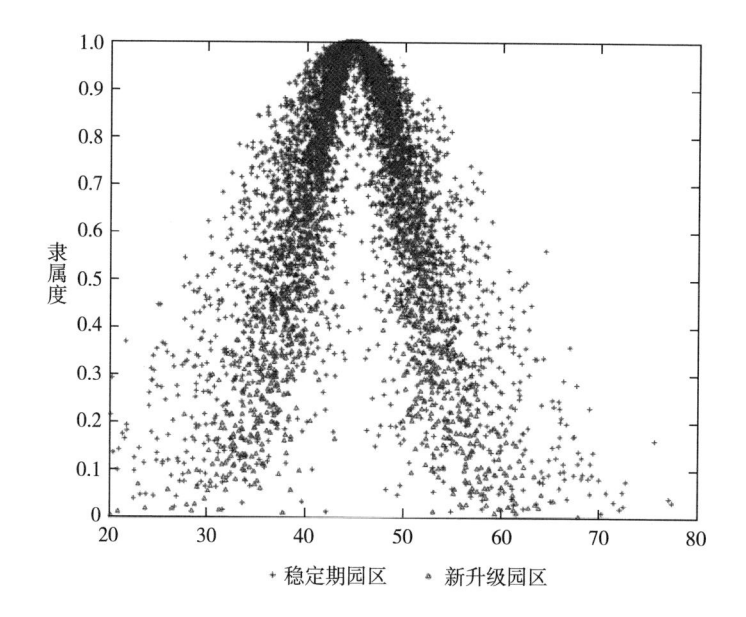

图 3-2 "稳定期—新升级"国家高新区创新系统脆弱性评价云图

进一步对两类国家高新区进行分析，虽然新升级园区批复时间较晚，但 63.27% 的数量占比已超过稳定期园区。选取稳定期园区和新升级园区中为首的两大国家高新区进行比较，发现两者的差异主要集中在产业集聚辐射力（P4）、城市信息化水平（P5）、工业节能降耗压力（P7）、企业研发重视程度（S7）、入驻企业高新程度（S8）、创新主体培育进度（R5）和单位产值降耗水平（R11）上。其中，稳定期园区在集聚辐射力、企业创新研发上的表现较好，而新升级园区的其他指标脆弱性均低于前者。这一对比结果反映老牌高新区较好地发挥了知识溢出效应，并且园区在改变以政府为主导的创新发展模式的同时，高新技术企业已成长为园区有力的创新主体，而新升级高新区则在信息化和绿色化方面表现较好。

(三)"自主创新区"与"非自主创新区"园区比较

从发展路径进行比较,据表3-12、图3-3分析发现,国家自主创新区脆弱性期望值低于全国均值,较非自主创新区脆弱性值低3.41,且云滴凝聚抱合度较好,无云滴分布在70—80区间。这表明随着我国自主创新区不断加大政策先行先试和体制机制创新力度,聚焦科技自立自强,坚持探索创新驱动发展新路径已取得显著成效。

表3-12 "自主创新区—非自主创新区"国家高新区云模型数字特征

分类	E_x	E_n	H_e
自主创新示范区	42.71	5.70	2.04
非自主创新示范区	46.12	5.86	3.13

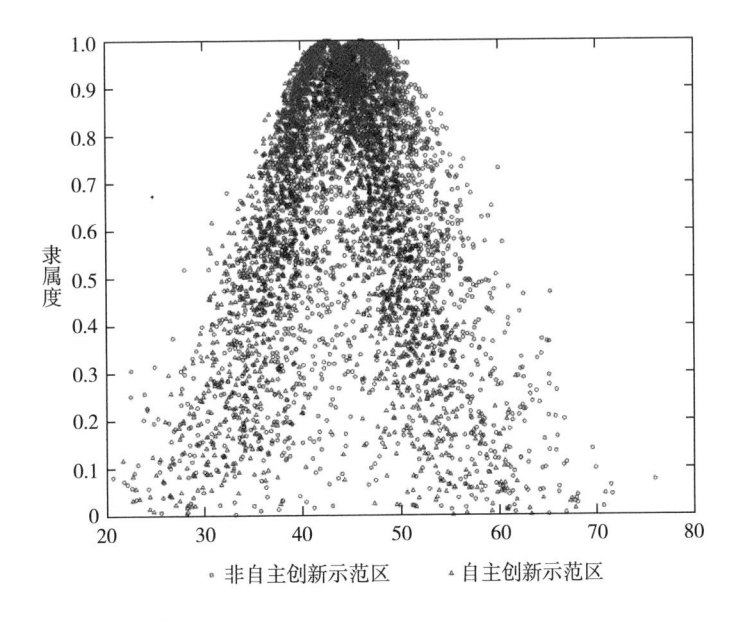

图3-3 "自主创新区—非自主创新区"国家高新区创新系统脆弱性评价云图

根据具体分析发现,我国自主创新区的收入结构技术含量

(P1)、产业集聚辐射力（P4）、城市信息化水平（P5）、从业人员受教育水平（R1）指标脆弱性值较低，这一方面由于自主创新区多分布于经济发展水平较好的城市，母城为国家高新区创新发展提供了良好基础设施、人才资源和营商环境，另一方面受益于国家的政策帮助，使这部分园区探索出了独特的自主创新道路，而非自主创新区在各项指标脆弱性上均表现一般。

（四）四大经济区域比较

通过对表3-13和图3-4分析发现，目前国家高新区创新系统脆弱性空间分异明显。从位于四大经济区域的国家高新区云数字特征结果可见，东部地区脆弱性期望最低，中部地区次之，西部和东北两地区脆弱性期望值高于全国平均水平；从评价云图来看，东部和中部地区脆弱性云图跨度相对较小，西部和东北的国家高新区云图中均有部分云滴落在70—80区间；从各地区云滴凝聚抱合度来看，东部、中部和西部地区凝聚抱合度较好，而东北地区云滴分布分散，说明东北地区的国家高新区之间脆弱水平差异较明显。

表3-13　　我国四大经济区域的国家高新区云模型数字特征

分类	E_x	E_n	H_e
东部地区	42.44	5.30	1.94
西部地区	48.25	6.46	1.52
中部地区	44.71	3.98	0.65
东北地区	48.38	9.20	4.30

进一步从准则层和指标层对各地区国家高新区创新系统脆弱性深入分析，发现东部地区高新区母城经济发展水平较好，依托区位优势在收入结构技术含量（P1）、产业集聚辐射力（P4）、入驻企业高新程度（S8）、从业人员受教育程度（R1）指标值上的脆弱性较低，但同时东部地区主导产业同构性（P6）脆弱性显著高于其他地区，这表明这些地区亟待探索新的发展路径和产业；而脆弱性云图跨度最大的东北地区高新区脆弱性较高的原因主要在于城市信息化水平

（P5）、工业节能降耗压力（P7）、入驻企业高新程度（S8）、政府创新倾斜度（R9）、信息化平台建设（R10）、单位产值降耗水平（R11）等方面，这与东北地区长期发展形成的产业结构密不可分；中部地区城市发展水平相当，在脆弱性评价结果上差异也不显著；西部地区国家高新区深居内陆，虽有政府各项创新政策（R9）的大力支持，但通过技术成果获得的技术性收入较低、城市基础设施建设较差、环境改善压力较大，这些因素都严重影响着西部地区国家高新区的创新系统脆弱状况。

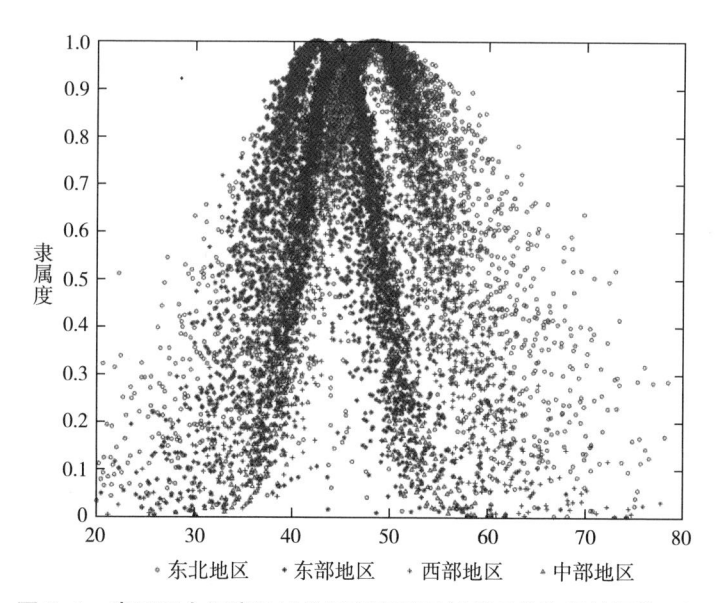

图 3-4　我国四大经济区域的国家高新区创新系统脆弱性评价云图

第四节　国家高新区创新系统耦合协调性分析

一　耦合协调性评价模型

耦合协调度作为复合型参数，可以反映国家高新区创新子系统间相互作用力大小和系统整体的一致性、协调性。国家高新区创新系统脆弱性评价考虑 P-S-R 内部的耦合协调性，能对国家高新区创新系统从无序低级走向有序高级演化路径的合理性予以评判。

（一）构建耦合度模型

$$C = \sqrt[3]{\frac{P(x) \times S(y) \times R(z)}{\left\{\frac{1}{3}\left[(P(x)+S(y)+R(z))\right]\right\}^3}} \qquad (3.20)$$

式中，$P(x)$、$S(y)$、$R(z)$ 分别为国家高新区创新系统脆弱性压力、状态、响应水平；C 为三个子系统的耦合度，C 越接近于 1，表示耦合作用越好；反之，C 越接近 0，耦合作用越差。

（二）检验子系统协调指数

$$T = \alpha P(x) + \beta S(y) + \delta R(z) \qquad (3.21)$$

式中，T 为 P-S-R 系统的协调指数，α、β、δ 分别表示各子系统的重要性程度，此处用前文各子系统所占总系统的权重来表示。

（三）测算耦合协调度

$$D = \sqrt{C \times T} \qquad (3.22)$$

式中，D 值表示系统的耦合协调度，该值越大，说明系统间协调程度越高。

通过 SPSS 软件计算可得 2016—2020 年各国家高新区创新系统的耦合协调性水平，参照已有的指标划分法对测算得到的 D 值进行分类，可分为如表 3-14 所示的 10 种类型（王成、唐宁，2018）。

表 3-14　　　　　　　　耦合协调度判断标准

耦合协调度 D 值区间	协调等级	耦合协调程度
(0.0—0.1)	1	极度失调
[0.1—0.2)	2	严重失调
[0.2—0.3)	3	中度失调
[0.3—0.4)	4	轻度失调
[0.4—0.5)	5	濒临失调
[0.5—0.6)	6	勉强协调
[0.6—0.7)	7	初级协调

续表

耦合协调度 D 值区间	协调等级	耦合协调程度
[0.7—0.8)	8	中级协调
[0.8—0.9)	9	良好协调
[0.9—1.0)	10	优质协调

二 系统耦合协调性分析

(一) 耦合协调性整体表现

采用 SPSS 对各国家高新区创新系统耦合协调性进行计算，结果如表 3-15 所示。可见，2016—2020 年我国 86.39% 的国家高新区创新系统耦合协调度在 0.8 以上，95.92% 的国家高新区各年创新系统都处于勉强协调以上水平，由系统协调性引发的脆弱性问题较少，创新系统综合表现较好。

表 3-15　国家高新区创新系统耦合协调性测算结果

高新区	2016 年		2017 年		2018 年		2019 年		2020 年	
	耦合协调度	协调程度	耦合协调度	协调程度	耦合协调度	协调程度	耦合协调度	协调程度	耦合协调度	协调程度
中关村	0.47	濒临失调	0.53	濒临失调	0.47	濒临失调	0.60	勉强协调	0.58	勉强协调
天津	0.76	勉强协调	0.84	勉强协调	0.82	勉强协调	0.85	勉强协调	0.86	勉强协调
石家庄	0.91	初级协调	0.88	初级协调	0.87	初级协调	0.87	初级协调	0.89	初级协调
唐山	0.80	初级协调	0.81	初级协调	0.76	勉强协调	0.73	勉强协调	0.77	勉强协调
保定	0.89	初级协调	0.84	初级协调	0.84	初级协调	0.82	初级协调	0.88	初级协调
承德	0.83	初级协调	0.79	勉强协调	0.81	初级协调	0.74	勉强协调	0.81	初级协调
燕郊	0.87	初级协调	0.85	初级协调	0.90	初级协调	0.82	初级协调	0.88	初级协调
太原	0.90	初级协调	0.83	初级协调	0.86	勉强协调	0.87	初级协调	0.88	初级协调
长治	0.85	初级协调	0.65	勉强协调	0.86	初级协调	0.80	初级协调	0.86	初级协调
呼和浩特	0.88	初级协调	0.80	勉强协调	0.86	初级协调	0.85	初级协调	0.78	勉强协调
……										
黄河三角洲	0.67	勉强协调	0.73	勉强协调	0.71	勉强协调	0.57	濒临失调	0.77	勉强协调

续表

高新区	2016年		2017年		2018年		2019年		2020年	
	耦合协调度	协调程度	耦合协调度	协调程度	耦合协调度	协调程度	耦合协调度	协调程度	耦合协调度	协调程度
烟台	0.81	初级协调	0.80	勉强协调	0.82	勉强协调	0.79	勉强协调	0.84	勉强协调
潍坊	0.89	初级协调	0.90	初级协调	0.92	初级协调	0.86	初级协调	0.93	初级协调
济宁	0.83	初级协调	0.91	初级协调	0.94	中级协调	0.87	初级协调	0.94	初级协调
泰安	0.87	初级协调	0.89	初级协调	0.92	初级协调	0.86	初级协调	0.93	初级协调
威海	0.79	初级协调	0.88	初级协调	0.88	初级协调	0.85	初级协调	0.91	初级协调
莱芜	0.86	初级协调	0.87	初级协调	0.80	初级协调	0.80	勉强协调	0.67	勉强协调
临沂	0.89	初级协调	0.86	初级协调	0.87	初级协调	0.82	初级协调	0.87	初级协调
德州	0.85	初级协调	0.85	初级协调	0.85	初级协调	0.77	勉强协调	0.85	初级协调
郑州	0.86	初级协调	0.90	初级协调	0.90	初级协调	0.87	初级协调	0.89	初级协调
......										
榆林	0.73	初级协调	0.60	勉强协调	0.84	中级协调	0.74	初级协调	0.82	初级协调
安康	0.77	初级协调	0.79	勉强协调	0.78	初级协调	0.82	初级协调	0.78	初级协调
兰州	0.96	中级协调	0.89	初级协调	0.83	初级协调	0.81	初级协调	0.91	初级协调
白银	0.83	初级协调	0.91	中级协调	0.89	中级协调	0.87	中级协调	0.87	中级协调
青海	0.82	初级协调	0.78	勉强协调	0.77	勉强协调	0.76	勉强协调	0.80	勉强协调
银川	0.75	勉强协调	0.70	勉强协调	0.72	勉强协调	0.70	勉强协调	0.75	勉强协调
石嘴山	0.90	初级协调	0.81	初级协调	0.84	初级协调	0.83	初级协调	0.87	初级协调
乌鲁木齐	0.92	初级协调	0.90	初级协调	0.82	初级协调	0.88	初级协调	0.91	初级协调
昌吉	0.67	勉强协调	0.70	初级协调	0.83	初级协调	0.68	勉强协调	0.84	初级协调
石河子	0.89	初级协调	0.89	中级协调	0.85	中级协调	0.79	中级协调	0.87	中级协调

对2016—2020年各国家高新区创新系统协调性进行统计分析发现,我国国家高新区创新系统协调性水平呈"橄榄形"分布。从各协调水平的高新区数量来看,无高新区创新系统处于失调状态,但大部分处于勉强协调和初级协调状态,且仅2020年才有两大高新区处于良好协调状态,表明我国国家高新区创新系统协调性水平仍有较大提升空间。比较各协调水平的趋势图发现,数量最多的处于勉强协调与初级协调状态的高新区走势线在各年度呈反方向变动,表明国家高新

区创新系统稳定性不足，协调性水平上下波动，而中级协调以上水平的国家高新区数量增长缓慢（见图3-5和表3-16）。

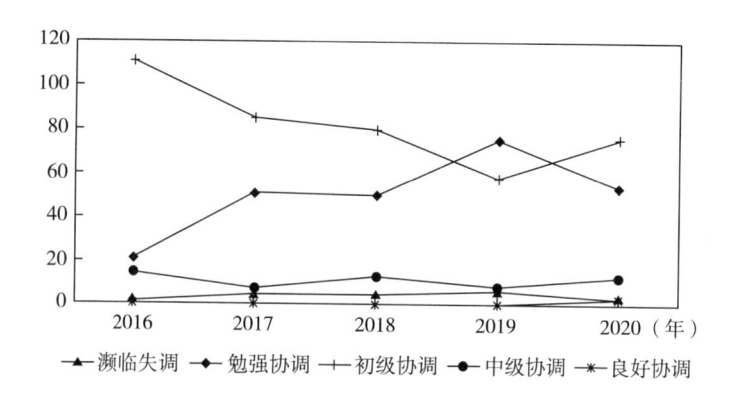

图 3-5 2016—2020年国家高新区创新系统耦合协调性变动态势

表 3-16 2016—2020年国家高新区创新系统耦合协调性分布情况

年份	濒临失调	勉强协调	初级协调	中级协调	良好协调
2016	1	21	111	14	0
2017	4	51	85	7	0
2018	5	50	80	12	0
2019	6	75	58	8	0
2020	3	54	76	12	2

（二）耦合协调性的不同状态分析

通过分析发现，系统协调性处于中级及以上水平的国家高新区主要位于我国东北和西部地区，包括吉林、大庆、包头、桂林、石河子、白银等高新区，这部分国家高新区创新系统耦合度都在0.85以上，系统各准则层也关联密切。但通过查找比较各国家高新区脆弱性测算结果发现，这些国家高新区处于高脆弱性的低水平协调状态，即国家高新区创新系统内部各准则层和各指标脆弱性都较高。

测算周期内，创新系统曾表现出濒临失调状态的国家高新区主要有中关村、上海紫竹、深圳、璧山、仙桃、蚌埠、吉安、黄河三角洲，但这些国家高新区创新系统脆弱性均处于中度及以下，追本溯源发现，这部分国家高新区创新系统内部各指标脆弱性测算值的方差较大，发展过程中要注意补齐短板以提高系统协调性。以处于低脆弱性水平的中关村为例，其在创新系统压力层的脆弱值为21.98，其中产业集聚辐射力（P4）脆弱值为0.08，但在主导产业同构性（P6）指标的脆弱值达4.75；在创新系统状态层的脆弱值为11.0，其中智力资源与技术力量（S1）、研发经费平均存量（S4）、企业研发重视程度（S7）等若干项指标脆弱性趋近于零，但入驻企业高新程度（S8）的脆弱值为1.92；在创新系统响应层的脆弱值为7.45，其中创业孵化支持水平（R4）、创新主体培育进度（R5）脆弱值均为0.0001，但单位产值降耗水平（R11）脆弱值达7.66。中关村的协调性结果可以说明，三十多年探索出的发展路径、模式以及经验对其他高新区创新发展具有重要的借鉴意义，但也导致了牵头高新区主导产业同构性压力较大；加之我国创新技术产品的市场化能力尚待提升，总体收入结构的技术性含量偏低；受国家宏观战略布局和倡导生态化建设的影响，后晋国家高新区在国家财政和政策的大力帮扶和指导下快速发展，老牌国家高新区在先头优势减弱的同时，对绿色发展诉求更加紧迫。系统协调性评价结果可以促使中关村居安思危，在保持较低创新系统脆弱性前提下，能注意到压力层的脆弱性问题，并针对脆弱性较高的指标提出修复意见。因此，其他国家高新区应密切关注自身创新系统的耦合协调性水平，减少潜在风险。

第四章　国家高新区创新系统致脆因素诊断

对国家高新区创新系统脆弱性进行研究，不仅应完成对各国家高新区创新系统运行现状和发展趋势的客观评价，还应该考虑研究的实践意义。本章在创新系统脆弱性测度的基础上，进一步探究导致国家高新区创新系统脆弱的因素与环节，采用障碍度模型找出限制国家高新区创新进一步深化的主要影响因素，明晰关键致脆因素的影响程度，并在此基础上利用最小方差法对各国家高新区创新系统短板及阻力效率进行分析，有利于国家高新区强化创新系统衔接性，提高创新系统的协调性与稳健性。

第一节　国家高新区创新系统致脆因素识别

一　关键脆弱元的障碍度识别方法

目前，国内外学者在对系统运转的障碍度进行判定时，常采用定性或定量的两种方法。其中，定性方法主要是基于以往的研究文献或相关政策，判定过程简便，但评价结果的有效性值得商榷；定量方法主要依据对获得的客观数据进行处理并得到评价结果，这种方法能客观地揭示系统运转的现实状况并准确定位障碍因子。为保证判定结果的科学性和有效性，本章引入障碍度模型对诱发国家高新区创新系统脆弱性的关键脆弱元进行诊断。障碍度模型在挖掘影响系统功能发挥和目标实现的关键要素方面效果较好，在提升国家高新区创新系统科学水平、消除致脆因子以保证系统高效运转方面可以发挥作用。主要计算步骤如下：

（一）计算因子贡献度

$$T_j = W_j \times K_g \quad (4.1)$$

式中，T_j 表示第 j 项因子贡献度；W_j 表示第 j 项指标权重；K_g 表示第 g 个准则层的权重。

（二）计算指标偏离度

$$E_{ij} = 1 - Z_{ij} \quad (4.2)$$

式中，E_{ij} 表示第 i 个国家高新区 j 项指标偏离度；Z_{ij} 表示第 i 个国家高新区 j 项指标的标准化值。

（三）计算各指标障碍度

$$O_{ij} = \frac{T_j \times E_{ij}}{\sum_{j=1}^{n}(T_j \times E_{ij})} \quad (4.3)$$

式中，O_{ij} 表示第 i 个国家高新区 j 指标脆弱性改善的障碍度，由于每项指标又是属于对应的准则层，每个准则层包括多项指标，判断准则层障碍大小需要计算准则层障碍度。

（四）计算准则层障碍度

$$R_g = \sum_{j=1}^{n} O_{gj} \quad (4.4)$$

式中，R_g 表示第 g 个准则层脆弱性改善的障碍度，n 为准则层的指标个数。

二 创新系统致脆因素识别与分析

国家高新区创新系统脆弱性是压力（P）—状态（S）—响应（R）子系统综合作用的结果，为识别出关键致脆因素，通过障碍度模型对各国家高新区 2016—2020 年的准则层和指标层障碍度进行测算，并通过分析比较梳理出国家高新区创新系统短板。

（一）致脆因素识别

由于国家高新区创新脆弱性评价指标较多，为探究当前对国家高新区创新系统健康影响较大的致脆因素，本书重点就 2020 年创新系统脆弱性单项指标障碍度值测算结果进行分析。根据单项指标障碍度测算值，筛选并列示出障碍度值前五的指标进行重点分析，筛选结果如表 4-1 所示。

表 4-1　　2020 年国家高新区创新系统障碍度前五的因子

高新区	指标	位次1	指标	位次2	指标	位次3	指标	位次4	指标	位次5
中关村	P7	0.4394	R11	0.1401	P5	0.1318	R9	0.1094	P4	0.0485
天津	P7	0.6038	R9	0.1324	R11	0.0971	P5	0.0847	P6	0.0299
石家庄	P7	0.6556	R11	0.1074	R9	0.0906	P5	0.0638	P6	0.0191
唐山	P7	0.6299	R9	0.1360	R11	0.1005	P5	0.0489	P6	0.0420
保定	P7	0.6655	R11	0.1007	R9	0.0601	P6	0.0595	P5	0.0568
承德	P7	0.6495	R9	0.1364	R11	0.0992	P6	0.0461	P5	0.0250
燕郊	P7	0.6375	R9	0.1463	R11	0.1065	P5	0.0534	P6	0.0223
太原	P7	0.6028	R9	0.1224	R11	0.0969	P5	0.0740	P6	0.0470
长治	P7	0.6837	R11	0.0977	R9	0.0964	P5	0.0441	P6	0.0400
呼和浩特	P7	0.5956	R9	0.1009	R11	0.0939	P6	0.0826	P5	0.0668
包头	P7	0.4939	R11	0.1706	P5	0.0955	P6	0.0854	R9	0.0711
沈阳	P7	0.6285	R9	0.1226	R11	0.0988	P5	0.0710	S7	0.0209
大连	P7	0.4592	R9	0.1446	R11	0.1308	P5	0.1019	P6	0.0986
鞍山	P7	0.7051	R11	0.1057	P6	0.0614	P5	0.0558	R9	0.0298
本溪	P7	0.6742	R11	0.1115	P6	0.0769	P5	0.0557	R9	0.0501
……										
抚州	P7	0.6646	R9	0.1373	R11	0.1061	P5	0.0351	P6	0.0180
济南	P7	0.6246	R11	0.1214	R9	0.0937	P5	0.0751	S7	0.0219
青岛	P7	0.6369	R9	0.1057	R11	0.0977	P5	0.0804	S7	0.0252
淄博	P7	0.5760	R11	0.1243	R9	0.1155	P5	0.0753	P6	0.0383
枣庄	P7	0.6285	R9	0.1846	R11	0.0633	P5	0.0475	P6	0.0451
黄河三角洲	P7	0.6557	R9	0.1491	P6	0.0714	P5	0.0519	R11	0.0507
烟台	P7	0.6484	R9	0.1301	R11	0.0967	P5	0.0697	P6	0.0174
潍坊	P7	0.5885	R9	0.1087	R11	0.1073	P6	0.0714	P5	0.0677
济宁	P7	0.6136	R11	0.1179	R9	0.1097	P6	0.0635	P5	0.0547
泰安	P7	0.6561	R9	0.0945	R11	0.0927	P6	0.0696	P5	0.0477
威海	P7	0.6688	R11	0.0932	R9	0.0902	P5	0.0643	P6	0.0341

续表

高新区	指标	位次1	指标	位次2	指标	位次3	指标	位次4	指标	位次5
莱芜	P7	0.6487	R9	0.1152	R11	0.1130	P5	0.0514	P6	0.0211
临沂	P7	0.6714	R9	0.1166	R11	0.1015	P5	0.0556	P6	0.0217
德州	P7	0.6511	R9	0.1460	R11	0.1095	P5	0.0495	P6	0.0278
郑州	P7	0.5609	R9	0.1409	R11	0.1185	P5	0.0755	P6	0.0429
……										
西安	P7	0.5932	R11	0.1259	P5	0.0902	P6	0.0573	R9	0.0402
宝鸡	P7	0.7159	R11	0.1103	R9	0.0703	P5	0.0339	P6	0.0234
杨凌	P7	0.6509	R9	0.1058	R11	0.0989	P6	0.0746	P5	0.0420
咸阳	P7	0.7081	R11	0.1035	R9	0.0619	P5	0.0441	P6	0.0347
渭南	P7	0.5790	R9	0.1704	R11	0.1369	P6	0.0381	P5	0.0371
榆林	P7	0.5431	R9	0.1470	R11	0.1384	P6	0.1108	P5	0.0301
安康	P7	0.6587	R9	0.1081	R11	0.1009	P6	0.0618	P5	0.0275
兰州	P7	0.6492	R9	0.1099	R11	0.1062	P5	0.0475	P6	0.0342
白银	P7	0.5748	R11	0.1268	R9	0.1057	P6	0.0821	P4	0.0473
青海	P7	0.6491	R9	0.1337	R11	0.0983	P5	0.0437	P6	0.0432
银川	P7	0.6334	R9	0.1389	P6	0.0825	R11	0.0745	P5	0.0485
石嘴山	P7	0.6692	R9	0.1255	R11	0.0870	P6	0.0568	P5	0.0350
乌鲁木齐	P7	0.5398	R9	0.1557	R11	0.1394	P5	0.0727	P6	0.0389
昌吉	P7	0.7156	R11	0.1244	R9	0.1098	P6	0.0277	S7	0.0068
石河子	R9	0.2763	P7	0.2514	R11	0.2355	P6	0.1279	S8	0.0514

根据表4-1的指标分布情况可见，2020年影响各国家高新区创新系统脆弱性的障碍指标各不相同，对各指标障碍度测算值进行比较发现，各国家高新区居于首位的指标障碍度与其他指标出现断层，除中关村、包头、大连、大庆、宜昌、湘潭、石河子高新区外，其他国家高新区障碍度位列第一的指标障碍度值都达0.5以上，超过其他指标障碍度的总和，说明国家高新区需要对这项指标进行重点关注。总体而言，排名前五的指标包括压力层的城市信息化水平（P5）、主导产业同构性（P6）、工业节能降耗压力（P7），状态层的入驻企业高

新程度（S8）、响应层政府创新倾斜度（R9）、单位产值降耗水平（R11），并且除企业研发重视程度（S7）以外，其他指标出现频数均在140以上，说明障碍度较高的指标分布呈聚集性特征，这些指标是各国家高新区改善创新系统的发力点。进一步关注出现频率低于10的指标，统计发现主要包括国际市场开拓水平（P3）、智力资源与技术力量（S1）、研发经费（S3、S4）、创新人才（S5、S6、R2）、高新企业培育（S7、R4、R5）、技术成果转化（R7、R8）等方面，说明我国国家高新区在降低创新脆弱性过程中需要进一步保持这些优势，谨防障碍度较低的因子向高障碍度转化。对于阻碍国家高新区创新系统脆弱性改善的其他障碍因子则需要具体问题具体分析。

（二）致脆因素趋势分析

利用Matlab软件进行障碍度运算，得到国家高新区创新系统各项指标的障碍度值。基于2016—2020年各国家高新区障碍度测算排名前十因子的频数统计结果，绘制如图4-1所示的障碍因子频数趋势。可以发现，国家高新区创新系统脆弱性指标体系中位于压力层和响应层的障碍度多项指标出现频数较高，状态层中仅入驻企业高新程度（S8）一项指标障碍度频数较高。

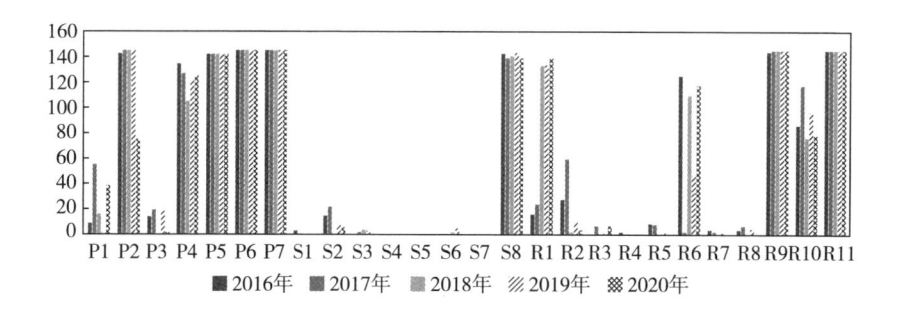

图4-1 历年国家高新区创新系统障碍因子频数分布

具体而言，城市信息化水平（P5）、主导产业同构性（P6）、工业节能降耗压力（P7）、入驻企业高新程度（S8）、政府创新倾斜度（R9）、单位产值降耗水平（R11）等指标的频率稳居140以上，说明这些因素已成为长期阻碍国家高新区创新系统高效运转的关键因素。而从业人员受教育程度（R1）这项指标的障碍度已连续五年呈递增趋势，其中既包括天津、长春、上海、南京、重庆、西安、深圳等一批创新系统脆弱性较低的高新区，也包括北京、武汉、广州等母城高等院校数量较多的高新区，反映出当前虽然我国接受高等教育的群体规模不断扩大，但仍难以走出国家高新区高技术人才短缺的困境，并且随着国家高新区数量的不断增加，高科技人才短缺的问题越发严重。

如图4-1所示，收入结构技术含量（P1）、产业集聚辐射力（P4）、创新协作开放度（R6）和信息化平台建设（R10）指标波动较大，障碍度值不稳定。其中，收入结构技术含量能衡量国家高新区是否偏离创新发展战略定位，包括石家庄、天津、沈阳、大连、鞍山、吉林、哈尔滨、南京等39个国家高新区技术收入障碍度都偏高，这些国家高新区所在母城以往主要依靠发展对资源依赖度较高的工业、农业或旅游业等，导致现阶段发展技术导向型的产业稍显吃力；产业集聚辐射力是衡量国家高新区创新示范效应和知识溢出效应是否有效发挥的关键指标，中关村、天津、张江、无锡、江阴、武汉、深圳、长沙、株洲等一批自主创新示范区及其核心园区在该指标上的障碍度值较高，表明我国高新区目前与国家提出的创新驱动发展示范区和高质量发展先行区战略定位仍存在差距；根据研究与协作开放指标的相关政策文件发现，各国家高新区创新协作开放程度会受国家协同创新政策的影响，2016年3月颁布的《中华人民共和国国民经济和社会发展第十三个五年规划纲要》和2019年2月印发的《中国教育现代化2035》都强调要加大产学研协同创新力度，组建产业技术创新战略联盟，完善各主体的协同创新体系。在这些国家大政方针及其配套政策的影响下，2017年和2019年协作开放障碍度值较高的国家高新区数量出现明显下降；而信息化平台是支撑国家高新区创新发展的基本条件，通过分析障碍度指标分布情况发现，中关村、石家庄、保定、济南、襄阳、贵阳等老牌国家高新区的信息化平台建设亟须更新完善，新余、新乡、连云港、清远、昌吉、咸阳、攀枝花、白银等新晋国家高新区也需要健全城市信息化网络。

根据障碍度测评和频数分布结果可以发现，五年来国家高新区创新系统脆弱性评价指标体系中企业知识技术积累（S2）、创新人才集聚速度（R2）两项指标障碍度频数呈下降趋势，且国家市场开拓水平（P3）、智力资源与技术力量（S1）、研发经费（S3、S4）、科研人员（S5、S6）、企业研发重视程度（S7）、创新孵化（R3、R4、R5）、技术服务与成果转化（R7、R8）等指标频数五年来均保持在30以下，说明国家高新区在这些方面总体上障碍度较小，但存在障碍的国家高新区仍需密切关注这些指标的发展态势，提出针对性措施进行应对，如苏州高新区就重点关注自主创新知识产权的申请、保护与应用。

第二节 国家高新区创新系统短板分类分析

一 基于最小方差的短板分类过程

最小方差是实际分布与理论分布偏差最小的数，最早由美国地理学家 Weaver 用于农业分区研究，应用效果理想（张耀光，1986）。在分析国家高新区创新系统脆弱性障碍因子的基础上，引入最小方差法 LSE（范斐等，2017）对国家高新区创新系统短板进行划分。

（一）阻力系数的理论分布

由于涉及压力（P）、状态（S）、响应（R）三类子系统，而子系统的个数等于阻力系统的个数，因此理论上存在单系统阻力模式、双系统阻力模式、三系统阻力模式，其中还可以细分为 P 单阻力模式、S 单阻力模式、R 单阻力模式、P-S 双阻力模式、P-R 双阻力模式、S-R 双阻力模式、P-S-R 三阻力模式。要实现对不同国家高新区阻力模式的划分，需要先明确阻力系数的标准模式。按照最小方差法的相关理论，阻力系数的标准模式如表 4-2 所示。

表 4-2　　　　　基于最小方差法的阻力系数的标准模式

阻力系统类型	阻力效率（%）		
单阻力模式	1.00	0.00	0.00
双阻力模式	0.50	0.50	0.00
三阻力模式	0.33	0.33	0.33

（二）获取方差

将待计算指标按照作为实际分布值，从大到小的顺序进行排列，并用实际分布值减去单阻力模式的标准值，得到新的分布，而后计算出新分布的方差，以此类推，可以得到单阻力模式、双阻力模式、三阻力模式的方差结果。

（三）计算最小方差

$$\min S^2 = \min \frac{1}{n} \sum_{i=1}^{n} (X_i - \bar{X})^2 \tag{4.5}$$

在求得最小方差后，需要判断该最小值是在何种阻力模式下得到的，对应的该指标即符合对应的阻力模式，基于此可将 147 个国家高新区划分为多个不同的阻力模式类型。

二　创新系统短板分类结果与分析

在利用障碍度识别方法对国家高新区创新系统致脆因素分析的基础上，运用最小方差法将国家高新区划分为不同类型的阻力模式，并结合三大子系统的障碍度评价结果定量分析各国家高新区创新系统发展的短板。

（一）各类型短板地理分布特征

依据最小方差法运算得到各国家高新区创新系统短板类型，目前我国国家高新区创新系统脆弱性短板主要包括 P 型、R 型、P-R 型、P-S 型、S-R 型五种类型，如表 4-3 所示。五种类型中 P-S 型短板在全国数量最少，且多分布于我国北部地区；P 型短板数量次之，分布较 P-S 型更加集中，在我国北方地区连片分布；R 型、P-R 型、S-R 型短板数量均较多，分布也较为分散，在我国多数地区都有分布。

表 4-3　　　　　国家高新区创新系统短板类型空间分布

类型	数量（个）	国家高新区及其所处经济区域			
		东部	中部	西部	东北
P 型	16	石家庄、保定		太原、长治、呼和浩特	鞍山、本溪、锦州、营口、阜新、长春、长春净月、通化、延吉、哈尔滨、齐齐哈尔
R 型	61	无锡、徐州、武进、连云港、扬州、泰州、杭州、温州、湖州、绍兴、福州、厦门、莆田、漳州、龙岩、青岛、黄河三角洲、潍坊、济宁、泰安、威海、临沂、广州、深圳、佛山、惠州、源城、东莞	蚌埠、景德镇、新余、鹰潭、吉安、洛阳、新乡、南阳、武汉、襄阳、孝感、长沙、益阳、郴州	南宁、柳州、桂林、北海、海口、自贡、攀枝花、德阳、绵阳、乐山、西安、宝鸡、杨凌、咸阳、安康、兰州、银川、石嘴山、昌吉	
P-R 型	36	中关村、燕郊、上海紫竹、昆山、常熟、萧山、衢州、枣庄、烟台、珠海、江门、清远、中山	芜湖、马鞍山、三明、南昌、赣州、抚州、郑州、平顶山、宜昌、荆门、随州、湘潭	包头、重庆、成都、昆明、渭南、白银、乌鲁木齐、石河子	大连、辽阳、大庆
P-S 型	5	天津、唐山、承德			沈阳、吉林
S-R 型	29	上海张江、南京、江阴、常州、苏州、苏州工业园、南通、盐城、镇江、宁波、嘉兴、泉州、济南、淄博、莱芜、德州、肇庆	合肥、安阳、焦作、仙桃、株洲、衡阳	璧山、泸州、贵阳、玉溪、榆林、青海	

（二）单系统阻力模式短板分析

根据最小方差法和国家高新区各子系统阻力效率结果，我国国家高新区主要存在 P 型和 R 型两种单阻力模式短板，反映我国国家高新区在压力子系统和响应子系统上存在明显短板，下面结合国家高新区创新子系统的阻力效率进行具体分析。

1. P 型短板

P 型短板国家高新区多位于我国北方地区且资源依赖度高。通过表 4-4 的 P 型短板的划分结果可见，这类短板类型包括石家庄、保定、太原、长治、呼和浩特、长春等 16 个国家高新区。对阻力效率进行分析发现，处于 P 型短板的国家高新区创新系统压力阻力效率均高于 73%，且这些国家高新区在压力层中的环境贡献改善（P7）上障碍度均较高。调查发现，石家庄高新区 2020 年 PM2.5 平均浓度达 57 毫克/立方米（mg/m³），空气污染处于轻度水平，并且工业生产中的煤炭等能源消耗量也较大；长春开展工业污染普查发现，1.77 万个普查对象中存在水污染、大气污染、工业固体废弃物处理不当等问题；呼和浩特高新区 2020 年从事化学原料和化学品制造业的企业工业污水排放量达 3944.63 吨，污染排放总量居全省前列。研究结果与调查数据都表明，有重工业生产背景的我国北方国家高新区在绿色化生产方面短板明显。此外，城市信息化水平（P5）和主导产业同构性（P6）两项指标的障碍度测算值也偏高，需要各国家高新区引起重视，继续完善国家高新区各项基础设施建设，并因地制宜培育适合本区域的高新技术产业。

表 4-4　国家高新区创新系统压力（P）阻力模式

高新区	压力阻力（%）	状态阻力（%）	响应阻力（%）
石家庄	75.91	1.74	22.35
保定	79.43	2.51	18.06
太原	74.15	1.99	23.86
长治	77.46	1.88	20.66
呼和浩特	75.70	2.16	22.14
鞍山	83.87	0.95	15.18
本溪	81.15	1.51	17.34
锦州	78.63	1.37	20.00
营口	73.54	3.50	22.96
阜新	80.02	1.01	18.97

续表

高新区	压力阻力（%）	状态阻力（%）	响应阻力（%）
长春	75.56	2.74	21.70
长春净月	74.95	1.90	23.15
通化	75.81	0.70	23.49
延吉	78.08	0.42	21.50
哈尔滨	75.34	1.43	23.24
齐齐哈尔	76.67	1.36	21.97

注：因四舍五入导致的计算误差，本书不做调整。下同。

2. R 型短板

R 型短板主要是指国家高新区创新系统响应阻力效率较大，表 4-5 中我国国家高新区创新系统响应系统阻力效率分布在 9%—25%，且 R 型短板高新区数量是各短板类型中最多的。其中广州、深圳、武汉、西安、杭州五大"世界一流高科技园区"均属于这一短板类型，说明要提升国家高新区创新国际竞争力和影响力必须补齐 R 型短板。通过对这些国家高新区响应系统的障碍度分析发现，杭州、武汉、广州、西安高新区各指标障碍度分布规律大致相同，均在创新政策倾斜度（R9）、信息化平台建设（R10）和单位产值降耗水平（R11）三项指标上的障碍度较高，而深圳高新区在从业人员受教育程度（R1）上的障碍度偏高。导致这些创新系统发展水平较好的国家高新区存在短板的原因，在一定程度上说明当前创新政策、城市信息化建设、创新绿色化和人员受教育水平是我国国家高新区创新发展面临的普遍问题。表 4-5 中响应系统阻力效率最高的南阳高新区和最低的惠州高新区，其较高的响应指标障碍度也表现出上述特征。

表 4-5　　国家高新区创新系统响应（R）阻力模式

高新区	压力阻力（%）	状态阻力（%）	响应阻力（%）	高新区	压力阻力（%）	状态阻力（%）	响应阻力（%）
无锡	74.38	2.29	23.33	襄阳	77.29	1.08	21.63

续表

高新区	压力阻力（%）	状态阻力（%）	响应阻力（%）	高新区	压力阻力（%）	状态阻力（%）	响应阻力（%）
徐州	74.21	1.99	23.80	孝感	78.14	1.54	20.32
武进	75.78	2.11	22.11	长沙	81.74	3.31	14.95
连云港	78.35	2.10	19.56	益阳	75.75	1.06	23.19
扬州	74.52	2.24	23.24	郴州	74.44	1.83	23.73
泰州	76.06	0.63	23.31	广州	78.99	4.49	16.53
杭州	75.29	2.48	22.23	深圳	76.80	3.46	19.74
温州	74.08	2.41	23.51	佛山	73.76	3.19	23.05
湖州	74.36	1.81	23.82	惠州	87.59	2.50	9.91
绍兴	74.67	1.94	23.39	源城	75.17	1.25	23.58
蚌埠	74.50	1.60	23.90	东莞	84.55	1.72	13.73
福州	74.06	2.91	23.03	南宁	78.50	2.51	18.99
厦门	76.29	1.77	21.94	柳州	80.07	2.86	17.07
莆田	76.85	0.71	22.44	桂林	80.38	1.68	17.94
漳州	76.46	1.12	22.42	北海	85.35	1.10	13.56
龙岩	75.54	1.17	23.29	海口	76.54	1.72	21.73
景德镇	77.55	1.74	20.71	自贡	76.87	0.56	22.57
新余	80.22	1.00	18.78	攀枝花	76.96	0.23	22.80
鹰潭	75.58	1.13	23.29	德阳	74.85	0.98	24.17
吉安	75.20	1.01	23.79	绵阳	77.23	1.92	20.85
青岛	74.60	3.02	22.38	乐山	77.26	0.60	22.14
黄河三角洲	78.28	0.65	21.07	西安	77.06	2.71	20.23
潍坊	74.64	2.11	23.25	宝鸡	79.63	0.85	19.52
济宁	74.77	0.79	24.44	杨凌	77.81	0.55	21.64
泰安	78.45	1.26	20.30	咸阳	79.80	1.91	18.29
威海	78.17	2.26	19.57	安康	76.69	0.16	23.15
临沂	75.47	0.70	23.83	兰州	74.97	1.73	23.30
洛阳	78.92	1.76	19.32	银川	76.86	0.12	23.02
新乡	75.66	0.95	23.39	石嘴山	76.92	0.50	22.58
南阳	74.86	0.61	24.54	昌吉	75.30	0.16	24.54
武汉	79.27	3.99	16.75	—	—	—	—

(三) 双系统阻力模式短板分析

依据最小方差法和国家高新区各子系统阻力效率结果，我国国家高新区主要存在 P-R 型、P-S 型和 S-R 型三种双阻力模式短板，属于上述短板类型的国家高新区创新系统均存在两方面联合作用的短板，会严重影响国家高新区创新系统脆弱性。

1. P-R 型短板

P-R 型短板国家高新区在创新系统的输入与输出后的反馈阶段存在不足。其中压力系统包含的因素是创新系统脆弱性的来源，而响应系统的指标是创新系统经一轮循环后，对系统运行过程中出现的问题进行修复的各项手段。依据测算和分类结果，我国属于 P-R 型短板的国家高新区名单如表 4-6 所示。

表 4-6　国家高新区创新系统压力—响应（P-R）阻力模式

高新区	压力阻力（%）	状态阻力（%）	响应阻力（%）	高新区	压力阻力（%）	状态阻力（%）	响应阻力（%）
中关村	64.78	4.84	30.38	烟台	74.08	1.78	24.14
燕郊	72.00	1.33	26.67	郑州	69.09	2.41	28.49
包头	70.81	2.13	27.06	平顶山	73.03	1.15	25.82
大连	67.67	2.09	30.24	宜昌	61.93	3.55	34.52
辽阳	72.70	3.15	24.16	荆门	72.64	2.00	25.35
大庆	38.37	5.96	55.68	随州	74.08	0.89	25.03
上海紫竹	71.80	2.69	25.51	湘潭	59.65	2.87	37.48
昆山	71.67	2.54	25.78	珠海	73.03	2.20	24.76
常熟	73.12	1.79	25.09	江门	72.19	2.57	25.24
萧山	69.86	2.02	28.12	清远	72.96	2.19	24.85
衢州	69.29	2.17	28.54	中山	72.31	2.11	25.58
芜湖	72.75	3.01	24.24	重庆	71.78	2.20	26.02
马鞍山	70.73	2.04	27.23	成都	72.33	3.23	24.44
三明	73.56	0.54	25.90	昆明	72.64	1.88	25.48
南昌	71.44	2.95	25.61	渭南	66.59	0.66	32.75
赣州	72.77	0.99	26.24	白银	74.17	1.13	24.70

续表

高新区	压力阻力（%）	状态阻力（%）	响应阻力（%）	高新区	压力阻力（%）	状态阻力（%）	响应阻力（%）
抚州	72.85	1.38	25.76	乌鲁木齐	67.94	1.10	30.96
枣庄	72.86	0.39	26.75	石河子	40.74	5.51	53.76

根据阻力模式划分结果，我国共有 36 个国家高新区创新系统属于 P-R 短板类型，这些高新区的创新系统压力阻力效率和响应阻力效率都较高。具体而言，创新系统压力阻力效率较高的国家高新区主要为我国新晋群体，其中包括辽阳、常熟、烟台、荆门、随州、三明、白银等 18 个高新区阻力效率值都超 72%，且障碍度值较高的指标集中在城市信息化水平（P5）、主导产业同构性（P6）、工业节能降耗压力（P7）三个方面。根据荆门市 2019 年发布的城市信息化发展调查报告来看，市互联网户数占城市总户数比值仅 31%，城市信息化人才严重缺乏，城市内部网络基础设施薄弱且在城乡、部门间差距明显，信息建设管理体系也待健全，这些因素将限制国家高新区创新系统的协调高效发展。对烟台高新区创新发展情况的研究也表明，烟台市高新技术企业目前仍处于高技术产业价值链中低端，缺乏核心技术，产业综合竞争力偏弱，且产业结构以传统产业为主，新兴产业占比不足 4.7%，资源依赖度仍然较高（谢丽威，2012）。从以上两个高新区创新压力系统的调查情况来看，信息化建设、自主创新发展和绿色化生产制约着 P-R 型短板国家高新区的发展。

P-R 型短板高新区的创新系统响应阻力效率值位于 24%—56%，石河子高新区创新系统响应阻力远高于多数高新区。对响应系统指标障碍度进行分析发现，石河子高新区在从业人员受教育程度（R1）、政府创新倾斜度（R9）、单位产值降耗水平（R11）三项指标上的障碍度较高。新疆地区的高新区在当地工业及技术产业基础薄弱、高校院所较少、科技人才匮乏、创新服务质量偏低的情境下，其发展主要依靠国家政策指导下的对口产业支援，但支援过程中的对口性、供需衔接性往往得不到保证，且在"产业援疆"过程中，煤电煤化工、装备制造和石材加工被列为重点优势产业（孔翔等，2020），对新疆地区的生态环境保护和绿色发展提出了严峻考验。

2. P-S 型短板

我国 P-S 型短板高新区主要包括天津、唐山、承德、沈阳、吉林五家，且均位于我国北方地区，这些国家高新区压力阻力效率较高，状态阻力效率较低（见表 4-7），但是归属于 P-S 型短板类型，说明创新系统状态层中存在严重制约高新区创新发展的关键要素。压力系统中，五大高新区在城市信息化水平（P5）、主导产业同构性（P6）、工业节能降耗压力（P7）三个方面障碍度都较高，其中沈阳高新区在收入结构技术含量（P1）指标上的障碍度也较高。据《中国火炬统计年鉴》披露的统计数据，2020 年沈阳高新区实现营业收入 1403 亿元，而技术性收入仅占比 36.64%，其余收入均来自园区产品和商品销售收入。在状态层中，五大高新区入驻企业高新程度（S8）是主要障碍因素，高新区企业高新程度不足既会造成创新资源的占用与浪费，也会导致高新区创新发展偏离最初战略定位。五大高新区中天津、吉林高新技术企业占比不足 50%，吉林占比最低，仅 11%，而承德、唐山高新区高技术企业数量不足 300 家，天津和沈阳高新区企业的核心技术竞争力待进一步加强。

表 4-7　国家高新区创新系统压力—状态（P-S）阻力模式

高新区	压力阻力（%）	状态阻力（%）	响应阻力（%）
天津	73.06	1.84	25.09
唐山	72.52	2.05	25.43
承德	72.68	1.99	25.33
沈阳	73.38	2.44	24.17
吉林	70.96	0.19	28.85

3. S-R 型短板

S-R 型短板国家高新区主要分布在我国东部沿海地区，这部分高新区创新系统压力较小，但创新状态不佳、系统反馈修复能力弱的问题较突出。具体而言，状态层中障碍度较高的指标主要包括智力资源与技术力量（S1）、企业知识技术积累（S2）、入驻企业高新程度（S8）三项指标，其中前两项指标均体现国家高新区创新成果的积累，而距我国批复设立第一个国家高新区至今已有30余年，国家高新区在技术研发、技术创新、技术积累等方面还需要较长时间积淀。同时，国家高新区创新发展也面临着由量向质的转型压力，"装进篮子里的都是菜"的发展思路也需要转变，高新区要瞄准"高"和"新"的战略定位，完善高新区创新企业准入与退出的考核与监管。

响应用于衡量国家高新区创新系统对上一轮循环中状态不佳的指标进行自组织修复的能力，表4-8中所列高新区创新系统响应层中的从业人员受教育程度（R1）、政府创新倾斜度（R9）、信息化平台建设（R10）、单位产值降耗水平（R11）导致了响应系统短板。人口统计结果显示，我国高技术人才占从业人员总量的比重仅6.5%，高级人才缺口已达2200万人，同时国家和各级政府受社会突发事件影响，财政收支平衡压力大，对创新人才培养和信息化基础设施建设的投入力度有限，而部分长期从事工业生产的国家高新区短期也难以完成产业调整与升级，仍需在绿色创新进程中持续探索。

表4-8　　国家高新区创新系统状态—响应（S-R）阻力模式

高新区	压力阻力（%）	状态阻力（%）	响应阻力（%）	高新区	压力阻力（%）	状态阻力（%）	响应阻力（%）
上海张江	67.87	4.06	28.07	莱芜	73.49	1.66	24.85
南京	71.70	3.00	25.29	德州	73.26	0.19	26.55
江阴	69.47	2.08	28.46	安阳	74.81	0.31	24.88
常州	74.04	1.62	24.35	焦作	72.63	0.35	27.02
苏州	70.12	2.46	27.42	仙桃	73.45	1.46	25.09
苏州工业园	68.03	5.65	26.32	株洲	72.64	2.46	24.89
南通	73.80	1.38	24.83	衡阳	71.23	2.05	26.72
盐城	73.87	1.18	24.95	肇庆	70.82	2.13	27.05
镇江	73.33	1.98	24.70	璧山	71.67	2.12	26.22
宁波	71.86	3.11	25.03	泸州	74.53	0.88	24.59

续表

高新区	压力阻力（%）	状态阻力（%）	响应阻力（%）	高新区	压力阻力（%）	状态阻力（%）	响应阻力（%）
嘉兴	73.04	1.67	25.29	贵阳	70.08	1.90	28.02
合肥	73.19	2.24	24.57	玉溪	73.06	1.31	25.63
泉州	73.08	2.26	24.65	榆林	69.30	0.45	30.26
济南	73.33	2.67	24.00	青海	74.16	1.32	24.52
淄博	71.14	2.85	26.01	—			

第五章　国家高新区创新系统脆弱性调控策略

建构一套高质量的创新系统是促进国家高新区创新发展、提升国家创新体系效能的重要保证，探索适合于高新区自身的创新之路是重中之重。前文在对国家高新区创新系统脆弱性的概念、驱动机理进行研究的基础上，实现了对全国147个国家高新区创新系统脆弱性的实证评价、致脆因素定位和短板类型划分，研究表明，国家高新区创新系统循环过程中脆弱性真实存在且直接影响园区创新系统效率。因此，必须加强国家高新区创新系统的抗干扰能力，夯实内部创新基础，提升系统恢复力，降低系统脆弱性。

第一节　国家高新区创新系统脆弱性调控思路

对国家高新区创新系统脆弱性进行调控的总体思路是形成"一个中心，四项平衡"的内外综合调控体系。一个中心，即调控国家高新区系统脆弱性必须时刻重视创新的中心地位，高新区集聚的知识、技术、人才、资金等资源要真实投入创新活动中，入驻企业要专注于高技术产业以实现创新主体的功能，配套服务体系要紧跟创新步伐发挥好支撑作用。国家高新区要始终瞄准自身的战略定位，谨防创新基因缺失的问题。四项平衡强调国家高新区创新系统脆弱性调控，应从国家高新区创新的功能定位和脆弱性评价的研究结果两方面考虑，把握好内部与外部、牵头与后进、单个与整体、发展与绿色的平衡。

一　警惕内生性与外源性风险冲击

国家高新区创新系统脆弱性驱动机理中，内生性和外源性风险是系统循环的第一环节，直接影响到系统后续的状态表现和响应反馈。因而在制定脆弱性改善策略时必须充分考虑以有效应对两方面压力：一方面，在创新系统内部结构设计与优化过程中，需重视要素有效性、系统衔接性、控制可靠性等内容；另一方面，创新系统脆弱性的形成与外部系统紧密相关，因此加强外部风险预警也是防止国家高新区创新系统崩溃的必要手段。

二　打造创新高地与发挥辐射效应

国家高新区创新系统脆弱性实证测算结果表明，我国高新区空间分异特征明显，为缩小区域差距，遏制"马太效应"，在打造创新高地的同时应注重辐射效应的发挥，体现"示范窗口"的功能。在发展过程中，一方面要遵循国家创新发展战略的指引，实现跨越式发展，打造一批有国际竞争力和影响力的高科技园区；另一方面发展势头较好的高新区也要在知识、技术、产业等方面对后发高新区进行帮扶，提升我国高新区整体创新实力。

三　识别致脆因子与补齐系统短板

致脆因子和系统短板是限制国家高新区创新系统运行质量提升的两大关键。在制定改善策略时，一方面要积极通过实时数据和周期性趋势分析，加强致脆因子的识别与预测，并采取措施消除脆弱因素对创新系统的不利影响；另一方面依据国家高新区创新系统短板类型划分结果，辨证施策进行补齐，提高系统整体稳健性。

四　坚持科技创新与绿色发展并重

国家高新区以创新发展为使命，在科技创新中要贯彻"高"与"新"的发展要求，但环境是高新区创新活动得以开展的基础支撑。因此，在国家高新区创新过程中，一方面要积极探索，进行知识、技术、产品、工艺、制度与管理等方面的创新；另一方面要坚持绿色发展理念，努力打造绿色的营商环境与生态，走可持续的创新发展之路。

在坚持以创新为中心，把握四项平衡的基础上，对国家高新区创新系统脆弱性的引致原因进行调控，可以从内部组织与外部环境两方面着手，形成系统的调控策略。在降低高新区创新系统的内部组织结构脆弱性时，要积极利用经济、社会、资源与环境等多种手段，搭好服务和生态两条产业链，以激发国家高新区创新的动力、提高空间承载力、维持创新系统稳健性；在应对外部环境致脆时，国家高新区要坚持系统控制的思路，对风险预警、冲击响应、事后控制的全环节进行调控。

第二节　创新系统脆弱性的内部组织调控

一　优化创新资源投入

国家高新区创新压力系统也是高新区创新动力的输入系统，内部绩效转化和外部创新支持是两大主要动力来源。当创新系统脆弱时，国家高新区依靠技术成果的绩效转化反哺给系统的动力资源十分有限，而外部途径取得的动力资源受市场环境、经济形势、战略布局等因素的影响具有不确定性。因此，必须用好经济手段拓宽途径和提高效率，保障国家高新区创新系统正常运转，从而降低系统脆弱性。

（一）拓宽创新投入渠道

国家高新区的创新投入包括知识、人才、技术、资金与物质材料等，这些创新资源一方面可以通过高新区内部创新活动进行补充，另一方面由外部主体进行投入。从内部来说，国家高新区要打开思路，主动推进创新成果转化，提高技术产业化、商品化的效率，并努力获得规模效益，提高绩效转化反哺的能力。从外部来看，国家高新区要密切关注创新政策变化，积极申请创新科技补贴和创新政策优惠，同时吸收社会投资和开展股权融资也是高新区获得创新资金投入的重要方式。在知识、人才和技术方面，国家高新区在提升自身吸引力的过程中，也要加强同高等院校、创新机构的沟通与合作，从多方面获取创新资源。

（二）提高资源使用效率

国家高新区要努力提高各种资源的利用效率，挣脱资源有限性的束缚。具体而言，国家高新区对待政府创新拨款应做到财尽其用，可以通过设立企业财政资金领用台账，避免专项资金的占用与浪费；对于投融资资金，国家高新区应从传统粗放式、高增长投资思路转变为精细化、专业化的投资逻辑，严格评估每个创新项目的可行性，提高创新质量；对于内部绩效转化获得的资金，要积极投入到新一轮的创新循环之中。对于知识、人才资源，也要其充分发挥专业化优势，同时辅以高技术工具提高创新活动效率。

二　扩大创新主体规模

入驻企业高新程度不足和创新人才缺乏，是引发国家高新区创新系统脆弱的两大问题。在脆弱性调控过程中，可以从内部培育和外部吸引两方面入手，扩大国家高新区创新主体规模。

（一）培育创新企业

创新企业的培育主要包含两个方面的内容：一是创新企业的数量；二是创新企业的质量。为更好地将这两项工作顺利落地，国家高新区应从高新技术企业的培育、引入和管理上下功夫。首先，要完善创新企业的培育体系。国家高新区可以围绕自身主导产业，利用资源优势和孵化经验，搭建众创空间、特色小镇和创新集聚区等创新创业平台体系，吸引一批起步阶段的创新型企业，并逐步帮助其走向成熟。其次，要健全高技术企业引入机制。政府要建设完善的"畅通化、便利化、信息化、智慧化"基础设施，坚持"放管服"相结合的管理思路，在合理范围内给予最大的灵活性和宽松度，为创新企业提供良好运营和发展环境。最后，要实施科学的进入与退出考核办法，确保入驻企业的高新程度和创新活力。国家高新区要依据政府颁布的高技术企业认定条件对辖区内企业进行管理，从企业知识产权质量、研发现状、研发成果、研发投入等方面综合考评。

（二）集聚创新人才

国家高新区集聚创新人才，可以通过产学研机构的联合培养与人才引进两条路径实现。从产学研的人才培育机制来看，政府应充分发挥引领作用，积极调动学研机构、企业和服务中介等创新主体的协同合作，面向社会实际需求，培育符合新时代发展要求的高水平创新人才。高校在培育创新人才过程中，往往面临资金短缺和缺乏实践经验两大难题，政府和企业应加大对高校创新教育投入，提供充足的资金储备以支撑高校创新创业型人才培育工作。同时，加强企业与高校科研创新合作交流，企业一方面可以派遣优秀科技人才辅助高校，传授学生真正的创新创业技能；另一方面为学生提供实践就业机会，打通课堂与现实的桥梁，强化学生创新创业实战能力。从人才引进方面考虑，政府可通过对高层次人才实行税收减免、专项补贴等优惠政策，减轻创新活动财政压力，吸引创新型人才入园创业。同时，企业应健全技术成果出资入股制度，提高技术性人才的入股积极性，为技术成果的价值化提供良好前提，提升技术人才福利待遇。最后，还需考虑帮助解决其配偶及子女的工作、教育、医疗等问题，消除高层次创新人才的后顾之忧，更好地投入到科研创新工作中去。

三　提高技术创新绩效

国家高新区技术收入占比低、创新绩效转化率不高的问题会影响创新活动的持续性，并造成创新系统在投入、产出及自组织修复环节产生脆弱性。因此，国家高新区要加大科技投入，加快内部技术成果产出的脚步，同时也要关注市场需求，供需匹配以提高技术产品的绩效转化率。

（一）加快内部技术成果产出

国家高新区创新成果产出是一个多主体参与、多要素投入的连续性复杂过程。在这个过程中，高新区要以创新产业发展需求为导向，积极开展官产学研合作，帮助高校研究成果完成向实际产品产出的跨越，加深科学研究与产业创新的融合；高校院所在各项研究课题和基金的申请方面，可以鼓励多开展以高新技术企业实际问题为基础的课题，并推动科技成果与生产实践的结合，同时也要提升技术攻坚的能力，完成创新领域关键核心技术的突破；科研服务机构也要发挥好支撑作用，不断完善科技成果的产出及转换机制，从而更好地激发科技活动人员的研究动力，获得更高效率、更高水平的科技成果产出。

（二）加速外部创新绩效转化

政府可以根据国家高新区所在区位、创新发展状况和拥有的研发创新资源进行分类，采取针对性的支持政策或举措以增强政策实施效果。如针对市场受众群体规模较小的技术产品,政府可以通过宣传和举行产品供需见面会的形式,帮助实现供需匹配;针对出口占比较高的高新区,学习并推广自贸试验区、国家自主创新示范区等相关改革试点政策,使高新区企业享受优惠的贸易政策和金融政策,提升高新区企业出口转化效率。高新技术企业也要提升品牌意识,通过创品牌、树品牌打造品牌效应,丰富和强化品牌核心价值,同时深入了解高技术产业发展动态,奋力抢抓产业发展先机,努力成为先导性的企业。

四 提升协同创新水平

对国家高新区创新系统协同水平进行调控,是保证知识溢出效应发挥以降低创新系统脆弱性的重要手段。这需要国家高新区在开放合作和产业协同两个方面进行改进,发挥好高新技术企业、高等院校和科研机构三大协同创新的主体作用,同时重视政府的引导与支持。

(一) 加强开放合作

国家高新区创新开放合作水平的提升,要在政府部门与园区管委会、牵头与后晋高新区、沿海与内陆高新区之间建立良好的合作关系。具体而言,政府在政策制定上要充分考虑地区差异以奠定产业合作的基础,因地制宜探索适合本区域发展方向的优势产业,同时可以打造创新合作平台,依托平台组织创新发展交流会,促进高新区内外的学习与合作。在高新区层面,一方面成熟高新区要在保持发展优势的过程中勇于探索新的发展路径,重视新知识、新模式和新技术的溢出与扩散;另一方面新晋高新区应在创新政策支持下,积极借鉴成熟园区创新体系的建设经验以实现快速发展。从区域合作来看,东部高新区在产业转移和技术支援方面应给予内陆高新区一定帮助,同时内陆高新区也要乘好"一带一路"的东风,在人才引进、资源补充、国外市场开拓等方面努力取得好成绩。

(二) 促进产业协同

国家高新区要着力构建产业创新共同体,形成各具特色、高效协同的产业生态。首先,在战略上要持续引领构建良好创新生态,逐步形成由高校院所、创新型企业等为创新主体和风险资本、专业服务机构、社会组织等为支撑要素以及创新文化共同构成的"雨林生态"。其次，在产业结构上要注重发展战略性新兴产业的同时，也要强化传统产业的技术改造，保证创新系统各方面发展齐头并进。最后，国家高新区也要坚持全国"一盘棋"思想，打破行政壁垒以发挥协同优势，根据社会需求规划创新方向，达到产业分工合理、创新链条协调联动的状态。

第三节 创新系统脆弱性的外部环境调控

一 抓住创新政策机遇

国家高新区经过 30 多年的建设发展，离不开政府的方向引领。当前，创新系统响应环节在政策倾斜力度上脆弱性偏高，为调控这一脆弱性问题，需要政府从宏观层面上加大政策制定与实施的协调性，高新区和创新企业也需要及时了解和利用好政策，提高政策的适配度与实施效率。

（一）科学制定创新政策

国家在战略高度上要做好"顶层设计"，合理制定国家高新区创新发展规划，各级地方政府也要结合地区特点确定适合本地区的发展模式，并从创新政策扶持、企业服务、政企合作、税收优惠、科技补贴等具体方面为国家高新区提供帮助。在政策制定上，要在实际调查基础上出台更加包容普惠的创新政策。政府经济和科技管理的相关部门可以开展实地调研、企业座谈活动，充分了解国家高新区创新相关利益主体的共同需求，掌握创新企业发展的痛点以有针对性地制定政策；在政策实施上，要聚焦实效，应加强智慧型政府建设，完善面向高新技术企业的政策传导机制，为企业留足学习和申请的时间，切实发挥政策惠企的作用，并且相关管理部门也要积极推进政策的执行与落地，以避免创新政策止于文件和流于形式。

（二）合理利用政策优惠

国家已将创新置于至关重要的战略高度，并且每年都会召开会议依据实际发展情况对创新政策体系进行更新完善。然而，当前国家高新区创新系统仍存在政府创新政策倾斜力度不够的问题。这种矛盾说明，各创新型企业对创新政策优惠的了解与利用程度尚待提高。在企业创新过程中，既可以通过各级政府官方网站和园区管委会政务网站了解某地区或行业的创新专门政策，也可以向政策咨询机构寻求帮助，以最大限度地利用好政策优惠，降低企业创新创业的压力和成本。同时，国家高新区管理部门在接收到政策信息后，也应结合当地实际情况尽可能多地为辖区企业争取政策援助，不应附加多种限制性条件，从而影响政策支持的申请与落实。

二 防范技术竞争风险

受环境嵌入影响，国家高新区创新系统在应对经济下行压力和不确定环境因素时，既要有居安思危的忧患意识并提前做好应急预案，稳中求进保护区域创新的"火种"，又必须积极寻找新的高新区创新经济增长点，增强创新系统风险预警和化解的能力。

（一）降低主导产业同构性

降低国家高新区之间主导产业的同构性，需要从产业布局和创新路径上协同发力。在产业布局上，要正确引领区域创新发展方向，合理协调各区域的产业分工与布局，降低各产业趋同压力，避免创新要素的争夺与浪费。在创新路径上，老牌国家高新区必须努力寻找新的经济增长点，避免"高负荷"经营，积极促进产业结构与技术的优化升级，探索新的创新发展路径与模式；新晋国家高新区起步较晚，在学习借鉴成熟高新区建设经验的同时，要因地制宜积极探索，随着创新系统日趋完善，也要转变思路以求"握掌为拳"，避免盲目"铺摊子"而实际效率不佳的问题。

（二）掌握关键核心技术

国家高新区应努力实现产业高端化，以应对内部生产技术要求与外部技术冲击，当核心技术受制于人时，一旦遭遇技术壁垒和技术封锁，易导致国家高新区创新系统停止甚至关闭。因此，必须坚持对基础性、关键性创新研发的高度重视，努力摆脱技术"卡脖子"危机。国家高新区可以通过产学研融合助力创新成果产出，同时要坚持创新引领，加强创新技术研发支持强度，培育优势品牌和打造核心竞争力，并重视市场需求对推动高新区跨越死亡谷的作用，逐步完成由低端、易替代产业向高端产业的过渡。

三　营造良好创新环境

从国家高新区创新系统脆弱性评价结果来看，高新区在信息化建设水平和环境改善贡献度两个方面的脆弱度常年居高不下。因此，为改变长期积弱的状态，需要国家高新区从营商环境优化和生态环境保护两个方面发力。

（一）优化营商环境

国家高新区要打造宜研、宜商的营商环境，需从基础设施建设、城市信息化发展和市场服务优化等方面下大力气。首先，管理部门要在保证高新区建设用地的前提下协助搭建好园区厂房，并铺设好道路交通网络和地下排水管道，为入驻企业提供良好的办公和开放交流环境。其次，城市建设上要紧跟时代趋势，进行城市信息化建设的同时，也要积极利用好数据平台建设数字化和智慧化城市，为高新区创新交流与协作提供便利。最后，政府部门一方面要坚持"放管服"相结合的工作思路，进一步提高创新活动审批的便利度、创新成果的保护力和创新服务的多元化；另一方面推进创新中介、信息咨询等创新服务体系一体化建设，为产学研创新活动的主体对接与沟通提供平台支持，切实为科研创新工作保驾护航，保证国家高新区创新系统在适宜的营商环境中发展。

（二）保护生态环境

位于我国北部地区的国家高新区，在环境承载和能源消耗上的脆弱性普遍偏高，为响应"绿水青山就是金山银山"理论的发展要求和落实《国家高新区绿色发展专项行动实施方案》（国科发火〔2021〕28号）中明确的"双碳"时间表，这些高新区必须采取有利于自身可持续发展的政策措施予以应对。具体而言，国家要从顶层设计上系统部署绿色发展工作，通过打造绿色技术策源中心、绿色创新改革试验中心和绿色产品技术服务供给中心，不断积累绿色创新发展的经验；国家高新区要加强绿色技术供给，积极开展清洁生产、节能环保和生态修复领域的科研攻关，创造新的增长机遇以完成产业绿色转型，并主动识别、淘汰和化解落后产能；全社会也要树立绿色发展的机遇意识，广泛推广绿色低碳的生活方式，从需求侧倒逼供给侧进行绿色化创新改革。

主要参考文献

一 中文文献

白素霞、陈彤：《中国高新区高新技术产业创新效率探析》，《经济体制改革》2021年第2期。

陈向东、刘志春：《基于创新生态系统观点的我国科技园区发展观测》，《中国软科学》2014年第11期。

陈新国、薛红飞：《太原高新区科技投入对自主创新能力的影响》，《科技和产业》2012年第2期。

陈益升：《科学—工业综合体的形态发展：中国实例分析》，《自然辩证法研究》1997年第1期。

程钰、任建兰、徐成龙：《资源衰退型城市人地系统脆弱性评估——以山东枣庄市为例》，《经济地理》2015年第3期。

代明、刘可新、陈俊：《中国高技术产业研发创新效率研究》，《中国科技论坛》2016年第1期。

戴靓等：《长三角城市科研合作的邻近性与自组织性》，《地理研究》2022年第9期。

邓草心、夏威：《基于高校—政府合作治理网络的高新区创新能力建设研究》，《科技进步与对策》2012年第22期。

杜海东：《基于动态系统模型的科技园区创新能力影响因素分析》，《科学管理研究》2012年第2期。

樊春良、樊天：《国家创新系统观的产生与发展——思想演进与政策应用》，《科学学与科学技术管理》2020年第5期。

范柏乃、单世涛、陆长生：《城市技术创新能力评价指标筛选方法研究》，《科学学研究》2002年第6期。

范斐等：《基于阻碍度模型的区域创新驱动阻力类型分析》，《中国科技论坛》2017年第4期。

范硕、何彬：《创新激励政策是否能提升高新区的创新效率》，《中国科技论坛》2018年第7期。

方创琳、王岩：《中国城市脆弱性的综合测度与空间分异特征》，《地理学报》2015年第2期。

方叶兵、杨洪伟、陈铭杨：《长三角科技创新与经济高质量发展耦合协调度及空间关联效应》，《创新科技》2022年第8期。

方玉梅、刘凤朝：《我国国家高新区创新能力评价研究》，《大连理工大学学报》（社会科学版）2014年第4期。

冯振环、赵国杰：《区域经济发展的脆弱性及其评价体系研究——兼论脆弱性与可持续发展的关系》，《现代财经—天津财经学院学报》2005年第10期。

符平：《"嵌入性"：两种取向及其分歧》，《社会学研究》2009年第5期。

付博、姜琦刚、任春颖：《扎龙湿地生态脆弱性评价与分析》，《干旱区资源与环境》2011年第1期。

顾元媛、沈坤荣：《简单堆积还是创新园地？——考察高新区的创新绩效》，《科研管理》2015年第9期。

郭佳蕾、黄义雄：《基于AHP和模糊综合评判法的平潭县生态系统脆弱性评价》，《防护林科技》2016年第9期。

郭丕斌、刘宇民：《创新政策效果评价：基于行业和区域层面的分析》，《中国软科学》2019年第9期。

郭丕斌、周喜君、王其文：《高新区创新系统的层次性特征研究》，《中国软科学》2011年第5期。

郭骁、夏洪胜：《企业代际路径可持续发展的演进机理——基于自组织理论的分析》，《中国工业经济》2007年第5期。

贺茂斌、任福君：《国外典型科技创新中心评价指标体系对比研究》，《今日科苑》2021年第3期。

侯媛媛、刘云：《高新区创新国际化运行机制及绩效研究》，《中国管理科学》2013年第S2期。

胡树华等：《国家高新区竞争力动态差异研究》，《科技进步与对策》2013年第11期。

胡树华、王松、邓恒进：《基于"四三结构"模型的国家自主创新示范区建设研究——以武汉东湖国家自主创新示范区为例》，《科技进步与对策》2011年第9期。

黄建毅等：《国外脆弱性理论模型与评估框架研究评述》，《地域研究与开发》2012年第5期。

黄晓军等：《中国城市高温特征及社会脆弱性评价》，《地理研究》2020年第7期。

黄中伟、王宇露：《关于经济行为的社会嵌入理论研究述评》，《外国经济与管理》2007年第12期。

贾垚焱等：《贫困山区旅游地社会——生态系统脆弱性及影响机理》，《人文地理》2021年第1期。

江源、田晓伟：《社会脆弱性问题研究进展评述与展望》，《软科学》2023年第9期。

蒋同明：《科技园区创新网络结构特征测度的仿真研究》，《科学学与科学技术管理》2011年第1期。

孔翔、代燕、宋志贤：《产业援疆背景下新疆高新区创新体系优化路径研究——以昌吉国家高新技术产业开发区为例》，《新疆社会科学》2020年第2期。

赖冠中、陈文音：《基于自然断点法分析的城乡建设用地整理潜力分区研究——以汕头市濠江区为例》，《广西城镇建设》2019年第12期。

乐云等：《重大工程社会系统脆弱性评价与实证》，《统计与决策》2019年第9期。

雷雨嫣、刘启雷、陈关聚：《网络视角下创新生态位与系统稳定性关系研究》，《科学学研究》2019年第3期。

李德毅等：《不确定性人工智能》，《软件学报》2004年第11期。

李海基、周霞、李红：《区域创新系统评价综述》，《科技管理研究》2010 年第 1 期。

李鹤、张平宇、程叶青:《脆弱性的概念及其评价方法》,《地理科学进展》2008 年第 2 期。

李鹤、张平宇:《全球变化背景下脆弱性研究进展与应用展望》,《地理科学进展》2011 年第 7 期。

李莉、王晓婷、王辉:《脆弱性内涵、评价与研究趋势综述》,《中国渔业经济》2010 年第 3 期。

李楠博、孙弘远:《基于云模型的区域企业绿色技术创新环境成熟度评价》,《科技进步与对策》2021 年第 22 期。

李平星、陈诚:《基于 VSD 模型的经济发达地区生态脆弱性评价——以太湖流域为例》,《生态环境学报》2014 年第 2 期。

李山梅、陈佳稳:《基于 PSR 概念框架下环境项目绩效审计评价研究》,《资源与产业》2011 年第 2 期。

李婉红、刘芳、刘天森:《国家高新区提升了城市创新效率吗?——基于空间集聚调节效应的实证检验》,《管理评论》2022 年第 5 期。

李玉花、简泽:《从渐进式创新到颠覆式创新:一个技术突破的机制》,《中国工业经济》2021 年第 9 期。

李兆友、刘冠男:《科技政策对国家高新区创新驱动发展的影响路径——一个定性比较分析》,《科技进步与对策》2020 年第 6 期。

刘丹等:《基于熵权——云模型的精细化工园区脆弱性评价》,《安全与环境学报》2023 年第 1 期。

刘钒、向叙昭:《自贸区建设对国家高新区创新效率的影响评估及机制分析》,《科技进步与对策》2023 年第 9 期。

刘刚、王宁:《突破创新的"达尔文海"——基于深圳创新型城市建设的经验》,《南开学报》(哲学社会科学版)2018 年第 6 期。

刘国巍、邵云飞、阳正义:《网络的网络视角下新能源汽车产业链创新系统协同评价——基于复合系统协调度和脆弱性的整合分析》,《技术经济》2019 年第 6 期。

刘会武、赵祚翔、马金秋:《国家高新区高质量发展综合性评价测度与趋势收敛检验》，《科学学与科学技术管理》2021年第6期。

刘继生、那伟、房艳刚：《辽源市社会系统的脆弱性及其规避措施》，《经济地理》2010年第6期。

刘婧文：《脆弱性视角下气候变化与暴力冲突的传导机制探究》，《国际安全研究》2023年第2期。

刘俊婉、赵良伟、冯秀珍：《面向可持续发展的科技成果转化研究》，《科技进步与对策》2015年第7期。

刘志春、陈向东：《科技园区创新生态系统与创新效率关系研究》，《科研管理》2015年第2期。

卢亚灵、颜磊、许学工：《环渤海地区生态脆弱性评价及其空间自相关分析》，《资源科学》2010年第2期。

吕丹华：《促进自主创新的高新区创新创业环境优化》，《科技创业月刊》2016年第5期。

吕政、张克俊：《国家高新区阶段转换的界面障碍及破解思路》，《中国工业经济》2006年第2期。

栾斌、杨俊：《增加价值分配结构与创新绩效脆弱性》，《科研管理》2018年第10期。

罗爱道、王晓鸣、赖明华：《"城中村"改造土地资源可持续利用动态评价研究》，《华中建筑》2006年第7期。

马慧强等：《基于BP神经网络的旅游经济系统脆弱性省际空间分异》，《资源科学》2019年第12期。

马淑燕等：《中国东部三大城市群国家高新区创新效率及影响因素研究》，《科技管理研究》2021年第21期。

马艳艳、孙玉涛、徐茜：《国家创新系统运行协调度测度模型及实证》，《科学学与科学技术管理》2013年第9期。

欧光军等：《产业集群视角下高新区协同创新能力评价与实证研究》，《科技进步与对策》2013年第7期。

欧光军、杨青、雷霖：《国家高新区产业集群创新生态能力评价研究》，《科研管理》2018年第8期。

彭建等：《基于PSR模型的区域生态持续性评价概念框架》，《地理科学进展》2012 年第 7 期。

彭坤杰等：《长江经济带旅游—经济—生态系统脆弱性的时空演变特征》，《统计与决策》2022 年第 14 期。

彭鹏、顾丹丹、周国华：《湖南省乡村人居环境脆弱性格局变化及响应指数的影响机制》，《经济地理》2022 年第 6 期。

戚湧、张洪瑜：《基于 PSR 模型的区域高技术产业创新要素供给评价》，《科技进步与对策》2020 年第 22 期。

任崇强等：《中国省域经济脆弱性的综合评价及其空间差异分析》，《经济地理》2019 年第 1 期。

任胜钢、关涛：《区域创新系统内涵、研究框架探讨》，《软科学》2006 年第 4 期。

沙德春、胡鑫慧、赵翠萍：《中国创新型产业集群创新效率研究》，《技术经济》2021 年第 2 期。

沈伟国、陈艺春：《我国高新区二次创业阶段发展论与评价体系研究》，《科学学与科学技术管理》2007 年第 9 期。

史国栋：《国外大学科技园的质态创新与启示》，《中国高等教育》2015 年第 21 期。

宋守信：《反脆弱机制原理与运用研究》，《技术与创新管理》2020 年第 4 期。

苏飞、张平宇：《基于集对分析的大庆市经济系统脆弱性评价》，《地理学报》2010 年第 4 期。

苏飞、张平宇：《矿业城市社会系统脆弱性研究——以阜新市为例》，《地域研究与开发》2009 年第 2 期。

苏屹等：《区域创新系统协同演进研究》，《中国软科学》2016 年第 3 期。

苏屹、闫玥涵：《基于耗散结构理论的区域创新生态系统环境效应研究》，《研究与发展管理》2021 年第 5 期。

苏友珊：《台湾产业集群之源起与演进——新竹科学园区、中部科学园区、南部科学园区之发展经验》，《科学学研究》2014 年第 1 期。

孙才志、曹强、王泽宇：《环渤海地区海洋经济系统脆弱性评价》，《经济地理》2019年第5期。

孙才志、董璐、郑德凤：《中国农村水贫困风险评价、障碍因子及阻力类型分析》，《资源科学》2014年第5期。

孙红军、王胜光：《创新创业平台对国家高新区全要素生产率增长的作用研究——来自2012—2017年88个国家高新区关系数据的证据》，《科学学与科学技术管理》2020年第1期。

孙琴、刘戒骄：《国家高新区与高新技术产业耦合协调发展研究》，《科学学研究》2024年第6期。

谭文华：《自主创新：区域经济发展的内在动力》，《科技管理研究》2008年第11期。

汤萱、廖高可、谢梦园：《实体经济脆弱性测度及其影响因素研究》，《中国软科学》2017年第5期。

唐开翼等：《何种高新区创新生态系统产生高创新绩效？——基于116个案例的模糊集定性比较研究》，《科学学与科学技术管理》2022年第7期。

万红莲等：《基于三角图法的榆林市农业生态系统脆弱性类型变化研究》，《中国沙漠》2021年第3期。

王成、唐宁：《重庆市乡村三生空间功能耦合协调的时空特征与格局演化》，《地理研究》2018年第6期。

王德胜、李婷婷、赵丽：《渐进式还是突破式——老字号企业的跨界创新》，《科研管理》2022年第6期。

王宏起、于澎田、李玥：《大学科技园集成创新能力形成与演化机理研究》，《科技进步与对策》2015年第24期。

王洪礼、张瑞：《基于SVM的内蒙古高新技术开发区创新能力研究》，《科学管理研究》2011年第5期。

王京雷、赵静、陈升：《国家高新区创新效率及其城市环境因素影响分析》，《企业经济》2022年第3期。

王京雷、赵静：《国家高新区能否推动都市圈的创新发展——基于31个都市圈的实证研究》，《中国科技论坛》2021年第12期。

王钧等:《韧性视角下城市社会脆弱性评估及优化策略——以珠三角城市群为例》,《热带地理》2023年第3期。

王蕾、曹希敬:《熊彼特之创新理论的发展演变》,《科技和产业》2012年第6期。

王利军、胡树华:《基于"四三结构"的区域创新系统产出投入回馈机制研究》,《软科学》2012年第7期。

王巧、佘硕、曾婧婧:《国家高新区提升城市绿色创新效率的作用机制与效果识别——基于双重差分法的检验》,《中国人口·资源与环境》2020年第2期。

王荣、朱先奇、史竹琴:《国家级高新区科技资源配置效率研究——以中部六省为例》,《财会月刊(下)》2015年第11期。

王士君、王永超、冯章献:《石油城市经济系统脆弱性发生过程、机理及程度研究——以大庆市为例》,《经济地理》2010年第3期。

王霞等:《国家高新区产城融合度指标体系的构建及评价——基于因子分析及熵值法》,《科学学与科学技术管理》2014年第7期。

王欣亮、王宇欣、刘飞:《营商环境优化与区域创新效率——兼论经济一体化的联合空间效应》,《科技进步与对策》2022年第6期。

王媛、刘述锡:《海水养殖对海岛生态系统脆弱性影响评估初探》,《大连海洋大学学报》2017年第3期。

魏江:《创新系统演进和集群创新系统构建》,《自然辩证法通讯》2004年第1期。

魏龙、党兴华、成泷:《不确定性双元对技术创新网络脆弱性的影响:网络惯例的中介作用》,《管理评论》2018年第7期。

吴敬琏:《发展中国高新技术产业:制度重于技术》,中国发展出版社2002年版。

吴淑娥等:《基于SEM的科技园区企业科技投入与产出绩效关系的实证研究——以西安高新区为例》,《中国科技论坛》2012年第1期。

吴彤:《自组织方法论研究》,清华大学出版社2001年版。

吴尤可、钟坚:《基于耗散系统理论的创新型城市演化机制研究》,《湖南师范大学社会科学学报》2011年第5期。

夏恩君、张真铭:《预防性技术采用元分析及其对创新鸿沟跨越的启示——以可穿戴医疗健康设备为例》,《技术经济》2020年第2期。

肖永红、张新伟、王其文:《基于层次分析法的我国高新区创新能力评价研究》,《经济问题》2012年第1期。

解垩:《代际间向上流动的私人转移支付与贫困脆弱性》,《经济管理》2015年第3期。

解佳龙、胡树华、蒋园园:《基于突变级数法的国家高新区竞争力空间分异研究》,《科学学与科学技术管理》2011年第12期。

解佳龙、胡树华、王利军:《高新区发展阶段划分及演化路径研究》,《经济体制改革》2016年第3期。

解佳龙、胡树华:《国家高新区创新网络"双四"结构与要素关联研究》,《管理现代化》2014年第1期。

解佳龙、胡树华:《国家高新区创新系统的结构框架及运行机理研究》,《经济体制改革》2014年第2期。

解佳龙、胡树华:《国家自主创新示范区甄选体系设计与应用》,《中国软科学》2013年第8期。

解佳龙、马妍、周文婷:《国家高新区重点产业集群创新价值链锁定与突破——以武汉东湖国家自主创新示范区为例》,《创新科技》2022年第8期。

解学梅、曾赛星:《科技产业集群持续创新的周期演化机理和关联模式研究》,《研究与发展管理》2008年第1期。

谢丽威:《烟台发展高新技术产业的实践与对策》,《烟台职业学院学报》2012年第3期。

谢小青、黄晶晶:《基于PSR模型的城市创业环境评价分析——以武汉市为例》,《中国软科学》2017年第2期。

谢子远:《国家高新区技术创新效率影响因素研究》,《科研管理》2011年第11期。

徐枫、李云龙:《金融支持中国光伏产业发展的路径与效率研究——基于 F-SCP 范式分析》,《北京理工大学学报》(社会科学版) 2015 年第 2 期。

徐君、李贵芳、王育红:《生态脆弱性国内外研究综述与展望》,《华东经济管理》2016 年第 4 期。

徐兴良、于贵瑞:《基于生态系统演变机理的生态系统脆弱性、适应性与突变理论》,《应用生态学报》2022 年第 3 期。

薛阳等:《中国高技术产业创新效率时空演变研究》,《统计与决策》2022 年第 18 期。

闫帅等:《研究联合体与区域创新体系互动演化研究》,《科技进步与对策》2013 年第 12 期。

阳双梅、孙锐:《论技术创新与商业模式创新的关系》,《科学学研究》2013 年第 10 期。

杨畅、白雪洁、闫文凯:《发展的困局:贸易推动下的高新区绩效》,《数量经济技术经济研究》2013 年第 9 期。

杨青生、杨图南、沈志刚:《国家高新区创新效率评价和影响因素分析——基于三阶段 DEA-Tobit 模型》,《创新科技》2023 年第 10 期。

杨文、孙蚌珠、王学龙:《中国农村家庭脆弱性的测量与分解》,《经济研究》2012 年第 4 期。

杨雪、顾新、张省:《基于知识网络的集群创新演化研究——以成都高新技术产业开发区为例》,《软科学》2014 年第 4 期。

杨伊、谭宁、胡俊男:《全球价值链嵌入、技术创新与资源型产业绿色发展》,《统计与决策》2022 年第 15 期。

姚潇颖、卫平:《国家高新区创新能力对城市全要生产率的影响及中介效应》,《技术经济》2022 年第 11 期。

于伯华、吕昌河:《青藏高原高寒区生态脆弱性评价》,《地理研究》2011 年第 12 期。

余中元、李波、张新时:《社会生态系统及脆弱性驱动机制分析》,《生态学报》2014 年第 7 期。

袁航、朱承亮:《国家高新区推动了中国产业结构转型升级吗》,

《中国工业经济》2018年第8期。

袁倩文等:《黄土高原人口变化对县域经济系统脆弱性的影响研究》,《地理科学》2022年第11期。

张寒、武晨箫、李正风:《高校产学知识转移制度化过程的实证研究》,《科学学研究》2023年第1期。

张慧:《嵌入性理论:发展脉络、理论迁移与研究路径》,《社会科学动态》2022年第7期。

张冀新、陈媛媛:《国家高新区创新型产业集群培育能力评价》,《科技管理研究》2022年第20期。

张杰、毕钰、金岳:《中国高新区"以升促建"政策对企业创新的激励效应》,《管理世界》2021年第7期。

张静晓、李越洋、李慧:《基于SPA的建筑业服务创新政策脆弱性分析》,《武汉理工大学学报》(信息与管理工程版)2019年第2期。

张立峰、郭爱英、董晓宏:《京津冀国家级高新区创新效率及影响因素——基于随机前沿模型的实证研究》,《商业经济研究》2018年第16期。

张琳等:《基于功效系数法的山东省国家高新区创新能力评价》,《科学与管理》2022年第6期。

张鹏:《基于分形理论的三峡库区经济脆弱性分析》,《生产力研究》2006年第12期。

张其春、郄永勤:《城市废弃物资源化共生网络脆弱性影响机制——基于SCP与CAS融合的分析视角》,《北京理工大学学报》(社会科学版)2017年第2期。

张其春、郄永勤:《城市废弃物资源化利用网络的脆弱性及影响机理》,《经济管理》2016年第10期。

张庭康等:《高寒生态系统脆弱性及其对气候变化和人类活动响应》,《生态学报》2024年第1期。

张秀峰、胡贝贝、张莹:《自主创新示范区政策试点对国家高新区研发创新绩效的影响研究》,《科研管理》2020年第11期。

张耀光：《最小方差在农业类型（或农业区）划分中的应用——以我国粮食作物结构类型划分为例》，《经济地理》1986年第1期。

张振东、潘妮、梁川：《基于改进TOPSIS的长江黄河源区生态脆弱性评价》，《人民长江》2009年第16期。

赵东霞、郭书男、周维：《国外大学科技园"官产学"协同创新模式比较研究——三螺旋理论的视角》，《中国高教研究》2016年第11期。

赵国杰、张炜熙：《区域经济社会脆弱性研究——以河北省为例》，《上海经济研究》2006年第1期。

赵炎、徐悦蕾：《上海市张江高新区创新能力评价研究》，《科研管理》2017年第S1期。

赵运平、綦良群：《基于竞合的产业集群技术创新系统机理分析》，《系统科学学报》2016年第1期。

郑江淮、高彦彦、胡小文：《企业"扎堆"、技术升级与经济绩效——开发区集聚效应的实证分析》，《经济研究》2008年第5期。

钟玲、王妍蕾、齐顾波：《坦桑尼亚的减贫历程及挑战》，《中国农业大学学报》（社会科学版）2013年第2期。

周宏浩、陈晓红：《东北地区可持续生计安全时空分异格局及障碍因子诊断》，《地理科学》2018年第11期。

周阳敏、桑乾坤：《国家自创区产业集群协同高质量创新模式与路径研究》，《科技进步与对策》2020年第2期。

周元、王维才：《我国高新区阶段发展的理论框架——兼论高新区"二次创业"的能力评价》，《经济地理》2003年第4期。

朱斌、王渝：《我国高新区产业集群持续创新能力研究》，《科学学研究》2004年第5期。

二 英文文献

Adger W. N., "Vulnerability", *Global Environmental Change*, Vol. 16, No. 3, 2006, pp. 268-281.

Alessandro Basile, "Networking System and Innovation Outputs: The Role of Science and Technology Parks", *International Journal of Business and Management*, Vol. 6, No. 5, 2011, pp. 3-15.

Bai Xuejie, Yan Wenkai and Chiu Yung-Ho, "Performance Evaluation of China's Hi-Tech Zones in the Post Financial Crisis Era-Analysis Based on the Dynamic Network SBM Model", *China Economic Review*, Vol. 34, 2015, pp. 122-134.

Blaikie Piers, Cannon Terry, Davis Ian, et al., *At Risk: Natural Hazards, People's Vulnerability and Disasters*, Second Edition, London: Routledge, 2004.

Burton Ian, Kates Robert W. and White Gilbert F., *The Environment as Hazard*, Second Edition, New York: The Guilford Publishers, 1993.

Carrincazeaux Christophe and Gaschet Frederic, "Regional Innovation Systems and Economic Performance: Between Regions and Nations", *European Planning Studies*, Vol. 23, No. 2, 2015, pp. 262-291.

Cutter Susan L., Boruff Bryan J. and Shirley W. Lynn, "Social Vulnerability to Environmental Hazards", *Social Science Quarterly*, Vol. 84, No. 2, 2003, pp. 242-261.

Cutter Susan L., *Living with Risk: The Geography of Technological Hazards*, London: Edward Arnold, 1993.

Dow Kirstin, "Exploring Differences in Our Common Futures: The Meaning of Vulnerability to Global Environmental Change", *Geoforum*, Vol. 23, No. 3, 1992, pp. 417-436.

Etzkowitz Henry and Leydesdorff Loet, "The Triple Helix-University-Industry-Government Relations: A Laboratory for knowledge based Economic Development", *EASST Review*, Vol. 14, No. 1, 1995, pp. 14-19.

Everett M. Rogers and Judith K. Larsen, "*Silicon Valley Fever: Growth of High-technology Culture*", New York: Basic Books, Inc., 1986.

Hagedoorn John, "Understanding the Cross-level Embeddedness of Interfirm Partnership Formation", *Academy of Management Review*, Vol. 31, No. 3, 2006, pp. 670-680.

Halinen Aino and Törnroos Jan-Åke, "The Role of Embeddedness in the Evolution of Business Networks", *Scandinavian Journal of Management*, Vol. 14, No. 3, 1998, pp. 187-205.

Ivanova Inga, Strand Oivind and Leydesdorff Loet, "The Synergy and Cycle Values in Regional Innovation Systems: The Case of Norway", *Foresight and STI Governance*, Vol. 13, No. 1, 2019, pp. 48-61.

Janssena Marco A., Schoon Michael L., Ke Weimao, et al., "Scholarly Networks on Resilience, Vulnerability and Adaptation within the Human Dimensions of Global Environmental Change", *Global Environmental Change*, Vol. 16, No. 3, 2006, pp. 240-252.

Kohl H. and Hashemi H. A., "Science Parks as Main Driver for the Development of National Innovation System in Resource-Driven Economies! The Importance of Intellectual Capital Management for Sustainable Manufacturing", *Advances in Sustainable Manufacturing*, Berlin: Springer, 2011, pp. 45-50.

Krippner G. et al., "Polanyi Symposium: A Conversation on Embeddedness", *Socio-Economic Review*, Vol. 2, 2004, pp. 109-135.

Lin Chia-Li and Tzeng Gwo-Hshiung, "A Value-Created System of Science (Technology) Park by Using DEMATEL", *Expert Systems with Applications*, Vol. 36, No. 6, 2009, pp. 9683-9697.

Link Albert N. and Scott John T., "U. S. Science Parks: The Diffusion of an Innovation and Its Effects on the Academic Missions of Universities", *International Journal of Industrial Organization*, Vol. 21, No. 9, 2003, pp. 1323-1356.

Lonergan S., Gustavson K. and Carter B., "The Index of Human Insecurity", *AVISC: An Information Bulletin on Global Environmental Change and Human Security*, No. 6, 2000, pp. 1-11.

Mariagrazia Squicciarini, "Science Parks: Seedbeds of Innovation? A Duration Analysis of Firms' Patenting Activity", *Small Business Economics*, Vol. 32, 2009, pp. 169-190.

Martins Joana H., Camanho Ana S. and Gaspar Miguel B., "A Review of the Application of Driving Forces-Pressure-State-Impact-Response Framework to Fisheries Management", *Ocean & Coastal Management*, Vol. 69, 2012, pp. 273-281.

Metzger Marc J., Leemans Rik and Schroter Dagmar, "A Multidisciplinary Multi-Scale Framework for Assessing Vulnerabilities to Global Change", *International Journal of Applied Earth Observation and Geoinformation*, No. 7, 2005, pp. 253-267.

Minsky Hyman, *The Financial Fragility Hypothesis: Capitalist Process and the Behavior of the Economy in Financial Crisis*, Cambridge: Cambridge University Press, 1982.

Moss R., Brenkert A. and Malone E. L., "Measuring Vulnerability: A Trial Indicator Set", 2011-11-12, https://www.mendeley.com/catalogue/6ab973c1-1866-35e8-8499-c287ec9cd06f/.

Motohashi Kazuyuki, "The Role of the Science Park in Innovation Performance of Start-Up Firms: An Empirical Analysis of Tsinghua Science Park in Beijing", *Asia Pacific Business Review*, Vol. 19, No. 4, 2013, pp. 578-599.

O'Brien K., Leichenkob R., Kelkar U., et al., "Mapping Vulnerability to Multiple Stressors: Climate Change and Globalization in India", *Global Environmental Change*, Vol. 14, No. 4, 2004, pp. 303-313.

Organisation for Economic Cooperation and Development, *OECD Environmental Indicators Development, Measurement, and, Use*, Parris: OECD, 2003.

Polanyi Karl, *The Great Transformation: The Political and Economic Origins of Our Time*, Boston: Beacon Press, 2001.

Sana Harbin, Mariam Amamou and Alistair R. Anderson, "Establishing High-Tech Industry: The Tunisian ICT Experience", *Technovation*, Vol. 29, No. 6-7, 2009, pp. 465-481.

Sang-Chul Park, "Globalisation and Local Innovation System: The Implementation of Government Policies to the Formation of Science Parks in

Japan", *AI & Society*, Vol. 15, 2001, pp. 263-279.

Saxenian AnnaLee, *Regional Advantage: Culture and Competition in Silicon Valley and Route* 128, Cambridge: Harvard University Press, 1996.

Shipra Rajesh, Suresh Jain and Prateek Sharma, "Inherent Vulnerability Assessment of Rural Households Based on Socio-economic Indicators Using Categorical Principal Component Analysis: A Case Study of Kimsar Region, Uttarakhand", *Ecological Indicators*, Vol. 85, 2018, pp. 93-104.

Smit B., Burton I., Klein R. J. T., et al., "The Science of Adaptation: A Framework for Assessment", *Mitigation and Adaptation Strategies for Global Change*, Vol. 4, No. 3-4, 1999, pp. 199-213.

Sun Chiachi, "Evaluating and Benchmarking Productive Performances of Six Industries in Taiwan Hsin Chu Industrial Science Park", *Expert Systems with Applications*, Vol. 38, No. 3, 2011, pp. 2195-1105.

Timmerman P., "Vulnerability, Resilience and the Collapse of Society", *Environmental Monograph*, Vol. 21, No. 3, 1981, pp. 164-173.

Tunner B. L., Kasperson Roger E., Matson Pamela A., et al., "A Framework for Vulnerability Analysis in Sustainability Science", *Proceedings of the National Academy of Science*, Vol. 100, No. 14, 2003, pp. 8074-8079.

Uzzi Brian, "The Sources and Consequences of Embeddedness for the Economic Performance of Organizations: The Network Effect", *American Sociological Review*, Vol. 61, No. 4, 1996, pp. 674-698.

Vogel C., "Vulnerability and Global Environmental Change", *LUCC Newsletter*, Vol. 3, No. 2, 1998, pp. 15-19.

Watts M. J. and Bohle H. G., "The Space of Vulnerability: The Causal Structure of Hunger and Famine", *Progress in Human Geography*, Vol. 17, No. 1, 1993, pp. 43-67.

Zapata R. and Caballeros R., *Un Tema Del Desarrollo: Vulnerabilidad Frente a Los Desastres*, Ciudad de México: CEPAL, Naciones Unidas,

2000.

Zhang Yan, Li Haiyang and Schoonhoven Claudia Bird, "Intercommunity Relationships and Community Growth in China's High Technology Industries 1988–2000", *Strategic Management Journal*, Vol. 30, No. 2, 2009, pp. 163–183.

Zhu Dong and Tann Jennifer, "Regional Innovation System in a Small-Sized Region: A Clustering Model in Zhongguancun Science Park", *Technology Analysis & Strategic Management*, Vol. 17, No. 3, 2005, pp. 375–390.

Zukin Sharon and DiMaggio Paul, *Structures of Capital: The Social Organization of the Economy*, Cambridge: Cambridge University Press, 1990.

附　录

附表1　　　"177+1"个国家高新区基本信息

序号	高新区名称	获批国家级时间	最早成立时间	主导产业	所属省市
1	中关村科技园区	1988.05	1988.05	电子信息、光机电一体化、新材料、新能源及高效节能、生物医药、医疗器械	北京
2	天津滨海高新区	1991.03	1988.03	新能源、信息技术、节能环保	天津
3	石家庄高新区	1991.03	1991.03	生物医药、电子信息、先进制造	河北
4	沈阳高新区	1991.03	1988.05	信息技术、智能制造、生物医药	辽宁
5	大连高新区	1991.03	1991.03	软件	辽宁
6	长春高新区	1991.03	1991.03	汽车、装备制造、生物医药	吉林
7	哈尔滨高新区	1991.03	1988.09	装备制造、电子信息、新材料	黑龙江
8	上海张江高新区	1991.03	1988.07	电子信息、生物医药、光机电一体化	上海
9	南京高新区	1991.03	1988.09	软件、电子信息、生物医药	江苏
10	杭州高新区	1991.03	1990.03	信息技术、生命健康、节能环保	浙江
11	合肥高新区	1991.03	1991.03	家电及配套、汽车、电子信息	安徽
12	福州高新区	1991.03	1991.03	电子信息、关机电、新材料	福建
13	厦门高新区	1991.03	1990.12	电子信息、半导体及集成电路、软件	福建
14	济南高新区	1991.03	1988.11	电子信息、生物医药、智能装备	山东
15	威海火炬高新区	1991.03	1991.03	医疗器械、医药、电子信息、新材料	山东
16	郑州高新区	1991.03	1988.**	电子信息、装备制造	河南
17	武汉东湖高新区	1991.03	1988.**	光电子信息、生物、装备制造	湖北
18	长沙高新区	1991.03	1988.10	装备制造、电子信息、新材料	湖南
19	广州高新区	1991.03	1991.03	电子信息、生物医药、新材料	广东
20	深圳高新区	1991.03	1985.07	电子信息、光机电一体化、生物医药	广东
21	中山火炬高新区	1991.03	1990.**	电子信息、生物医药、装备制造	广东

续表

序号	高新区名称	获批国家级时间	最早成立时间	主导产业	所属省市
22	桂林高新区	1991.03	1988.05	电子信息、生物医药	广西
23	海口高新区	1991.03	1991.03	医药、汽车及零部件、食品	海南
24	重庆高新区	1991.03	1991.03	汽车、电子及通信设备、新材料	重庆
25	成都高新区	1991.03	1988.**	电子信息、生物医药、新经济、人工智能、精密仪器制造	四川
26	西安高新区	1991.03	1991.03	半导体、智能终端、装备制造	陕西
27	兰州高新区	1991.03	1991.03	生物医药、电子信息、新材料、新能源	甘肃
28	保定高新区	1992.11	1992.11	新能源、能源设备、光机电一体	河北
29	常州高新区	1992.11	1992.11	装备制造、新材料、光伏	江苏
30	无锡高新区	1992.11	1992.11	电子设备、电气机械器材	江苏
31	苏州高新区	1992.11	1992.02	电子信息、装备制造、新能源	江苏
32	青岛高新区	1992.11	1992.11	软件信息、医药、智能制造	山东
33	淄博高新区	1992.11	1992.11	新材料、生物医药、装备制造	山东
34	潍坊高新区	1992.11	1992.11	动力装备、声学光学、生命健康	山东
35	珠海高新区	1992.11	1992.11	电子信息、生物医药、光机电一体化技术	广东
36	惠州仲恺高新区	1992.11	1992.11	移动互联网、平板显示、新能源	广东
37	佛山高新区	1992.11	1992.11	装备制造、智能家电、汽车零部件	广东
38	南宁高新区	1992.11	1988.05	电子信息、生命健康、智能制造	广西
39	太原高新区	1992.11	1991.07	光机电一体化、新材料、新能源	山西
40	南昌高新区	1992.11	1991.03	生物医药、电子信息、新材料	江西
41	洛阳高新区	1992.11	1992.11	装备制造、新材料、高技术服务	河南
42	襄阳高新区	1992.11	1992.11	汽车、装备制造、新能源、新材料	湖北
43	株洲高新区	1992.11	1992.05	轨道交通装备、汽车、生物医药	湖南
44	绵阳高新区	1992.11	1992.11	电子信息、汽车及零部件、新材料	四川
45	贵阳高新区	1992.11	1992.11	装备制造、电子信息、生物医药	贵州
46	昆明高新区	1992.11	1992.11	生物医药、新材料、装备制造	云南
47	宝鸡高新区	1992.11	1992.11	先进制造、新材料、电子信息	陕西
48	乌鲁木齐高新区	1992.11	1992.11	新材料、电子信息、生物医药	新疆
49	包头高新区	1992.11	1992.11	稀土材料及应用、铝铜镁及加工、装备制造	内蒙古

续表

序号	高新区名称	获批国家级时间	最早成立时间	主导产业	所属省市
50	鞍山高新区	1992.11	1991.**	工业自动化、系统控制、激光	辽宁
51	吉林高新区	1992.11	1992.11	化工、汽车及零部件、电子	吉林
52	大庆高新区	1992.11	1991.12	石化、汽车、装备制造	黑龙江
53	杨凌农业示范区	1997.07	1997.07	绿色食品、生物医药、涉农装备	陕西
54	宁波高新区	2007.01	1999.07	电子信息、新能源、节能环保、新材料	浙江
55	苏州工业园	2007.**	1994.02	电子信息、机械制造、生物医药、人工智能、纳米技术	江苏
56	泰州医药高新区	2009.03	1992.**	化工、电子信息、生物医药	江苏
57	湘潭高新区	2009.03	1992.05	新能源装备、钢材加工、智能装备	湖南
58	芜湖高新区	2010.09	1991.**	装备制造、汽配、新材料、医药	安徽
59	东莞松山湖高新区	2010.09	2001.11	电子信息、生物技术、新能源	广东
60	肇庆高新区	2010.09	1998.04	新材料、电子信息、装备制造	广东
61	昆山高新区	2010.09	1994.09	电子信息、机器人、装备制造	江苏
62	柳州高新区	2010.09	1992.09	汽车、装备制造、新材料	广西
63	济宁高新区	2010.09	1992.05	工程机械、生物制药、新材料	山东
64	烟台高新区	2010.09	1990.**	信息技术、汽车零部件、海洋生物及制药	山东
65	营口高新区	2010.09	1992.**	装备制造、新材料、信息技术	辽宁
66	安阳高新区	2010.09	1992.08	装备制造、电子信息、生物医药	河南
67	南阳高新区	2010.09	1992.08	装备制造、新材料、光电	河南
68	渭南高新区	2010.09	1988.**	精细化工、装备制造、新能源、新材料	陕西
69	白银高新区	2010.09	2002.07	生物医药、电子信息、新材料、新能源	甘肃
70	昌吉高新区	2010.09	2000.06	装备制造、生物科技、新材料	新疆
71	唐山高新区	2010.11	1992.04	装备制造、汽车零部件、新材料	河北
72	燕郊高新区	2010.11	1992.08	电子材料、新材料、装备制造	河北
73	辽阳高新区	2010.11	1992.05	芳烃及精细化工、工业铝材	辽宁
74	延吉高新区	2010.11	1993.05	医药、食品	吉林
75	齐齐哈尔高新区	2010.11	1992.01	装备制造、食品	黑龙江
76	绍兴高新区	2010.11	1992.08	新材料、电子信息、环保	浙江
77	蚌埠高新区	2010.11	1994.04	汽车零部件、装备制造、电子信息	安徽

续表

序号	高新区名称	获批国家级时间	最早成立时间	主导产业	所属省市
78	泉州高新区	2010.11	2003.**	电子信息、纺织鞋服、机械汽配	福建
79	新余高新区	2010.11	2001.11	新能源、钢铁装备、新材料	江西
80	景德镇高新区	2010.11	1994.**	航空、家电、化工	江西
81	宜昌高新区	2010.11	1988.09	新材料、先进制造、纸制品、盐化工	湖北
82	江门高新区	2010.11	1992.**	机电、电子、化工	广东
83	青海高新区	2010.11	2002.04	精细化工、有色金属、生物医药	青海
84	银川高新区	2010.11	1992.05	装备制造、重藏医药、食品	宁夏
85	上海紫竹高新区	2011.06	2001.09	集成电路、软件、新能源、航空	上海
86	江阴高新区	2011.06	1992.**	新材料、微电子集成电路、医药	江苏
87	临沂高新区	2011.06	1992.10	电子信息、装备制造、新材料	山东
88	益阳高新区	2011.06	1995.**	电子信息、装备制造、新材料	湖南
89	自贡高新区	2011.06	1992.05	节能环保、装备制造、新材料	四川
90	承德高新区	2012.08	1992.04	装备制造、食品材料、生物医药	河北
91	本溪高新区	2012.08	2010.05	生物医药	辽宁
92	长春净月高新区	2012.08	1995.08	高技术、文化	吉林
93	徐州高新区	2012.08	1992.06	通用设备、电子设备、汽车	江苏
94	武进高新区	2012.08	1996.03	电子设备、电气机械器材、通用设备	江苏
95	温州高新区	2012.08	1992.09	激光及光电、电商、软件	浙江
96	马鞍山慈湖高新区	2012.08	2002.05	新材料、节能环保、化工	安徽
97	莆田高新区	2012.08	2002.06	电子信息、机械	福建
98	鹰潭高新区	2012.08	2001.06	铜基新材料、绿色水工、智能终端	江西
99	泰安高新区	2012.08	1994.**	输变电设备、矿山装备、汽车及零部件	山东
100	新乡高新区	2012.08	1992.07	电子电器、生物医药、装备制造	河南
101	孝感高新区	2012.08	1989.**	光机电、先进制造、纸制品、盐化工	湖北
102	衡阳高新区	2012.08	1992.04	电子信息、电气机械器材、通用设备	湖南
103	乐山高新区	2012.08	1992.**	新能源装备、电子信息、生物医药	四川
104	玉溪高新区	2012.08	1998.07	装备制造	云南
105	榆林高新区	2012.08	1999.**	煤化工	陕西
106	咸阳高新区	2012.08	1992.08	电子信息、生物制药、合成材料	陕西

续表

序号	高新区名称	获批国家级时间	最早成立时间	主导产业	所属省市
107	通化医药高新区	2013.12	2005.07	医药	吉林
108	阜新高新区	2013.12	1992.**	液压装备、农产品加工、电子信息	辽宁
109	石嘴山高新区	2013.12	2002.**	新材料、装备制造、纺织	宁夏
110	呼和浩特金山高新区	2013.12	1992.**	乳产品、化工	内蒙古
111	南通高新区	2013.12	1992.06	通用设备、交通运输设备、纺织服装鞋帽	江苏
112	衢州高新区	2013.12	1992.09	氟硅钴新材料	浙江
113	荆门高新区	2013.12	2001.03	再生资源利用、环保、装备制造、生物	湖北
114	漳州高新区	2013.12	2000.03	电子信息、装备制造、生物医药	福建
115	石河子高新区	2013.12	2010.06	信息技术、通用航空、节能环保	新疆
116	镇江高新区	2014.10	2012.10	船舶及配套、通用设备、电器机械器材	江苏
117	长治高新区	2015.02	1992.09	煤化工、装备制造、生物医药	山西
118	锦州高新区	2015.02	1992.**	汽车零部件、精细化工、食品	辽宁
119	连云港高新区	2015.02	1997.08	装备制造、软件及信息服务	江苏
120	盐城高新区	2015.02	2006.04	智能终端、装备制造、新能源	江苏
121	萧山临江高新区	2015.02	2003.03	装备制造、汽车、新能源、新材料	浙江
122	三明高新区	2015.02	2001.04	机械装备、林产加工、纺织轻工	福建
123	龙岩高新区	2015.02	2012.07	机械、专用车、环境科技	福建
124	抚州高新区	2015.02	2012.12	汽车及零部件、生物制药、电子信息	江西
125	枣庄高新区	2015.02	1988.11	新信息、新能源、新医药	山东
126	平顶山高新区	2015.02	1992.08	机电装备、新材料	河南
127	郴州高新区	2015.02	2003.04	有色金属精深加工、电子信息、装备制造	湖南
128	源城高新区	2015.02	2002.**	电子信息、机械、光伏	广东
129	北海高新区	2015.02	2001.**	电子信息、海洋生物、软件服务	广西
130	泸州高新区	2015.02	2013.10	装备制造、新能源、新材料、医药	四川
131	清远高新区	2015.09	2003.05	机械装备、新材料、电子信息	广东
132	嘉兴秀洲高新区	2015.09	2006.**	智能制造、新能源、新材料	浙江
133	常熟高新区	2015.09	2003.05	通用设备、计算机、电子设备	江苏
134	吉安高新区	2015.09	2001.11	电子信息、精密机械、绿色食品	江西

续表

序号	高新区名称	获批国家级时间	最早成立时间	主导产业	所属省市
135	赣州高新区	2015.09	2001.**	钨新材料、稀土、食品	江西
136	德阳高新区	2015.09	1991.**	通用航空、医药、食品	四川
137	莱芜高新区	2015.09	2001.05	汽车及零部件、电子信息、新材料	山东
138	德州高新区	2015.09	1999.03	生物、机械、新材料	山东
139	安康高新区	2015.09	2000.**	富硒食品、生物医药、新材料	陕西
140	扬州高新区	2015.09	2001.01	数控装备、生物技术、光电	江苏
141	仙桃高新区	2015.09	2000.10	新材料、生物医药、电子信息	湖北
142	随州高新区	2015.09	2006.03	汽车及零部件、农产品深加工、电子信息	湖北
143	湖州莫干山高新区	2015.09	2010.06	生物医药、装备制造、地理信息	浙江
144	璧山高新区	2015.09	2002.12	装备制造、互联网	重庆
145	焦作高新区	2015.09	1999.02	装备制造、新材料、电子信息	河南
146	攀枝花钒钛高新区	2015.09	2001.**	钒钛钢铁、化工、有色金属加工	四川
147	黄河三角洲农业示范区	2015.10	2014.04	农业生物、食品、农业服务	山东
148	鄂尔多斯高新区	2017.02	2011.05	生物制药、节能环保、云计算	内蒙古
149	宿迁高新区	2017.02	2001.03	新材料、装备制造、电子信息	江苏
150	淮安高新区	2017.02	2001.05	电子信息、新能源汽车及零部件、装备制造	江苏
151	铜陵狮子山高新区	2017.02	2003.06	光电光伏、装备制造、铜材加工	安徽
152	咸宁高新区	2017.02	2006.07	食品饮料、先进制造、新材料	湖北
153	黄冈高新区	2017.02	1990.06	装备制造、食品饮料、生物医药	湖北
154	常德高新区	2017.02	1992.**	设备制造、非金属矿制品	湖南
155	汕头高新区	2017.02	1992.04	印刷包装、化工塑料、食品	广东
156	内江高新区	2017.02	2014.05	医药、装备制造、新材料	四川
157	安顺高新区	2017.02	2001.04	装备制造、医药、航空机械	贵州
158	荆州高新区	2018.02	2013.09	生物医药	湖北
159	黄石大冶湖高新区	2018.02	1994.06	生命健康、高端装备制造、新型材料、节能环保、光电子信息、装备制造	湖北

续表

序号	高新区名称	获批国家级时间	最早成立时间	主导产业	所属省市
160	潜江高新区	2018.02	1991.**	光电子信息、装备制造	湖北
161	九江共青城高新区	2018.02	1992.05	生物医药、电子信息	江西
162	宜春丰城高新区	2018.02	2001.05	高端装备制造、生命健康、新材料	江西
163	湛江高新区	2018.02	2010.10	新材料、新能源、生物医药与健康	广东
164	茂名高新区	2018.02	2003.01	现代产业	广东
165	楚雄高新区	2018.02	1992.08	生物医药、装备制造	云南
166	淮南高新区	2018.02	2010.05	先进装备制造、新能源、生物医药	安徽
167	荣昌高新区	2018.02	1992.07	消费品、电子信息、生物医药、智能装备	重庆
168	永川高新区	2018.02	2002.12	消费品、电子信息、生物医药、智能装备	重庆
169	怀化高新区	2018.02	2003.07	生物医药、农产品精深加工、装备制造	湖南
170	滁州高新区	2022.06	1992.06	装备制造、新能源新材料、电子信息	安徽
171	信阳高新区	2022.06	2003.07	电子信息、装备制造、冶金	河南
172	克拉玛依高新区	2022.06	2004.10	装备制造和油气技术服务、油气化工、新能源、新材料	新疆
173	遵义高新区	2022.06	1992.07	新能源、先进装备制造、健康医药	贵州
174	安庆高新区	2022.12	2009.01	化工新材料、生物医药	安徽
175	许昌高新区	2022.12	1994.10	电力装备制造	河南
176	宁乡高新区	2022.12	2006.**	先进储能材料、智能装备制造	湖南
177	拉萨高新区	2022.12	2003.**	数字经济	西藏
178	阿克苏阿拉尔高新区	2023.06	2005.**	纺织服装、精细化工、新能源新材料、高端装备制造	新疆

注：表中资料统计时间截至2023年末；"177+1"表示177个国家高新区和1个国家高新区管理序列（苏州工业园）；高新区排序以其获批国家级时间的先后为准；上海、苏州、杭州、长春、无锡、常州6市各有2个国家高新区，重庆市有4个国家高新区；"**"表示具体月份不详。

附表2　2016—2020年国家高新区创新系统脆弱性评价结果及变动情况

高新区	2016年 脆弱性	排名	2017年 脆弱性	排名	2018年 脆弱性	排名	2019年 脆弱性	排名	2020年 脆弱性	排名	排名变动情况
上海紫竹	38.45	1	35.66	3	27.50	1	29.09	1	27.54	1	↘↗--
深圳	38.69	2	33.41	1	30.90	2	32.26	2	37.34	11	↗↘-↘
中关村	39.31	3	39.23	9	40.38	35	39.23	36	40.44	38	↘↘↘↘
广州	40.58	4	35.11	2	33.83	3	38.45	28	42.97	66	↗↗↘↘
上海张江	40.79	5	38.32	7	42.04	46	38.40	26	39.85	29	↘↘↗↘
苏州工业园	40.88	6	40.64	17	40.31	32	39.99	45	39.73	27	↘↘↘↗
合肥	41.25	7	40.68	18	40.33	33	40.09	46	39.84	28	↘↘↘↗
昆山	41.58	8	40.12	14	38.06	18	35.46	5	35.82	4	↘↘↗↗
扬州	42.45	9	42.09	33	36.54	9	36.76	12	38.54	18	↘↗↘↘
天津	42.59	10	40.71	20	36.90	13	39.97	44	39.39	26	↘↗↘↗
绍兴	42.60	11	44.00	63	39.84	29	39.46	38	42.42	58	↘↗↘↘
武汉	42.65	12	41.12	24	37.79	17	38.62	32	38.25	14	↘↗↘↗
厦门	42.67	13	40.35	15	36.54	11	38.51	30	39.17	23	↘↗↘↗
徐州	42.85	14	40.71	20	36.65	10	35.69	6	36.41	6	↘↗↗-
佛山	42.93	15	41.60	28	37.05	14	38.55	31	41.68	49	↘↗↘↘
宁波	43.14	16	39.90	12	36.81	12	37.26	13	42.12	57	↗-↘↘
武进	43.52	17	40.92	21	36.41	8	37.52	16	38.39	15	↘↗↘↗
常熟	43.54	18	39.80	10	39.32	25	36.23	7	38.49	16	↗↘↗↘
苏州	43.60	19	42.46	38	38.72	22	40.09	48	40.00	32	↘↗↘↗
南通	43.68	20	42.86	40	40.51	37	38.17	22	38.74	21	↘↗↗↗
黄河三角洲	43.79	21	45.26	73	39.48	26	39.73	39	45.68	85	↘↗↘↘
璧山	43.94	22	36.87	4	35.38	5	35.14	4	35.35	3	↗↘↗↗
惠州	44.01	23	42.47	39	39.83	28	37.27	14	51.91	131	↘↗↗↘
芜湖	44.23	24	43.77	56	41.54	43	39.74	40	38.23	13	↘↗↗↗
杨凌	44.27	25	47.93	116	48.09	99	44.53	89	47.61	107	↘↗↗↘
渭南	44.36	26	46.67	97	50.52	118	53.77	136	56.75	139	↘↘↘↘
杭州	44.40	27	38.12	6	34.57	4	35.03	3	34.96	2	↗↗↗↗

续表

高新区	2016年		2017年		2018年		2019年		2020年		排名变动情况
	脆弱性	排名	脆弱性	排名	脆弱性	排名	脆弱性	排名	脆弱性	排名	
青岛	44.43	28	40.98	22	35.99	6	36.39	9	38.53	17	↗↗↘↘
嘉兴	44.49	29	43.14	45	44.98	72	39.20	35	41.54	48	↘↘↗↘
泉州	44.55	30	42.43	36	48.15	100	38.21	24	40.38	34	↘↘↗↘
柳州	44.63	31	50.99	136	48.93	105	50.25	128	46.50	96	↘↗↘↗
盐城	44.76	32	41.83	29	41.70	44	38.66	33	40.60	40	↗↘↗↘
福州	44.92	33	39.92	13	36.12	7	36.55	10	37.25	10	↗↗↘—
珠海	45.16	34	43.03	42	38.21	19	40.81	58	38.68	19	↘↗↘↗
东莞	45.38	35	43.14	44	46.14	78	40.66	53	50.22	123	↘↘↗↘
衢州	45.46	36	43.07	43	47.34	92	45.33	96	49.28	117	↘↘↘↘
萧山	45.51	37	41.25	25	41.04	39	40.09	49	41.85	52	↗↘↘↘
重庆	45.56	38	38.53	8	38.22	20	39.96	43	39.23	25	↗↘↘↗
成都	45.63	39	39.81	11	37.29	16	38.09	21	36.46	7	↗↘↘↗
湖州	45.75	40	41.99	32	42.44	50	38.49	29	40.41	37	↗↘↗↘
吉安	45.76	41	42.43	37	47.88	95	36.66	11	40.59	39	↗↘↗↘
南京	45.76	42	42.11	34	38.29	21	41.35	61	42.84	65	↗↗↘↘
源城	45.92	43	43.17	46	43.60	61	41.15	60	43.04	68	↘↘↗↘
昆明	45.96	44	37.73	5	39.24	24	39.86	42	40.35	33	↗↘↘↗
本溪	45.98	45	45.86	83	42.88	54	43.91	80	46.21	90	↘↗↘↘
温州	46.26	46	41.88	30	40.26	31	37.37	15	40.40	36	↗↘↗↘
银川	46.28	47	41.01	23	40.45	36	41.58	63	42.04	56	↗↘↘↗
鹰潭	46.28	48	44.92	69	43.30	56	39.25	37	41.88	53	↘↗↗↘
中山	46.30	49	44.10	64	43.15	55	42.34	66	43.68	71	↘↗↘↘
江阴	46.32	50	45.45	77	50.95	121	46.94	108	41.36	46	↘↘↗↗
北海	46.37	51	43.33	49	42.24	47	47.95	119	53.15	133	↗↗↘↘
通化	46.40	52	43.88	61	47.99	98	40.82	59	43.10	69	↘↘↗↘
唐山	46.45	53	47.42	113	37.21	15	36.36	8	37.24	9	↘↗↗↘
烟台	46.46	54	43.83	59	42.76	53	39.80	41	41.37	47	↘↗↗↘
连云港	46.53	55	46.59	95	43.80	63	42.84	71	44.01	78	↘↗↗↘
蚌埠	46.61	56	43.72	53	43.32	57	38.01	19	42.65	62	↗↘↗↘
随州	46.82	57	49.46	124	50.09	113	48.71	125	43.85	76	↘↗↘↗

续表

高新区	2016年 脆弱性	排名	2017年 脆弱性	排名	2018年 脆弱性	排名	2019年 脆弱性	排名	2020年 脆弱性	排名	排名变动情况
沈阳	46.83	58	41.44	27	38.74	23	38.01	18	36.71	8	↗↗↗↗
青海	46.90	59	42.98	41	40.03	30	40.32	51	41.08	44	↗↗↘↗
无锡	46.92	60	42.16	35	41.20	41	40.10	50	40.73	42	↗↘↗↗
大连	47.38	61	43.51	51	46.25	79	50.41	130	53.32	134	↗↘↘↘
常州	47.41	62	44.17	65	43.35	58	46.39	105	46.99	101	↘↗↘↗
长沙	47.47	63	43.56	52	41.11	40	40.73	55	42.48	59	↗↗↘↘
威海	47.53	64	45.57	79	44.12	65	44.08	84	47.32	104	↘↗↘↘
泰州	47.61	65	45.48	78	44.78	70	43.10	73	48.64	113	↘↗↗↘
玉溪	47.64	66	43.82	58	43.61	62	53.66	135	47.33	105	↗↘↘↗
江门	47.94	67	44.64	68	42.62	52	40.75	56	39.92	30	↘↗↘↗
潍坊	48.02	68	45.83	81	50.98	122	45.59	98	47.21	103	↘↘↗↘
荆门	48.18	69	49.96	128	52.08	130	48.29	122	46.36	94	↘↘↗↗
赣州	48.20	70	46.26	90	52.06	129	38.43	27	38.68	20	↘↘↗↗
德阳	48.21	71	44.54	66	49.16	107	43.26	75	43.79	72	↗↘↗↘
承德	48.26	72	43.31	48	45.18	73	38.27	25	39.96	31	↗↘↗↘
平顶山	48.31	73	45.16	71	49.00	106	43.55	77	45.36	84	↗↘↗↘
清远	48.40	74	45.33	75	46.06	76	42.52	68	41.78	51	↘↘↗↗
郑州	48.49	75	48.52	121	47.36	93	44.58	90	43.03	67	↘↗↗↗
马鞍山	48.58	76	46.21	89	47.10	89	48.15	120	47.09	102	↘-↘↗
镇江	48.82	77	52.21	140	42.47	51	40.75	57	39.08	22	↘↗↘↗
新余	48.86	78	46.87	104	47.97	97	47.37	113	47.42	106	↘↗↘↗
郴州	48.87	79	43.81	57	44.68	68	39.10	34	42.62	61	↗↘↗↘
龙岩	48.96	80	41.36	26	42.32	48	40.54	52	41.76	50	↗↘↗↗
湘潭	49.07	81	46.79	99	46.41	80	45.69	100	49.09	115	↘↗↘↘
长治	49.22	82	44.98	70	47.56	94	45.03	94	45.92	88	↗↘-↗
西安	49.31	83	45.79	80	47.05	88	38.19	23	40.39	35	↗↘↗↘
长春净月	49.36	84	41.94	31	39.68	27	38.09	20	36.38	5	↗↗↗↗
锦州	49.39	85	43.87	60	43.41	59	37.54	17	46.36	93	↗↘↗↘
安康	49.43	86	43.74	55	50.29	114	47.26	112	46.54	97	↗↘↗↗
德州	49.45	87	45.98	85	50.71	120	44.37	86	46.30	91	↗↘↗↘

续表

高新区	2016年		2017年		2018年		2019年		2020年		排名变动情况
	脆弱性	排名	脆弱性	排名	脆弱性	排名	脆弱性	排名	脆弱性	排名	
肇庆	49.46	88	46.72	98	46.76	84	45.03	93	41.17	45	↓↗↗↗
莱芜	49.59	89	49.23	123	45.56	74	43.46	76	40.70	41	↓↗↗↗
太原	49.73	90	43.24	47	40.94	38	41.77	64	41.00	43	↗↓↓↗
燕郊	49.77	91	46.05	86	48.80	104	43.73	78	45.24	83	↗↓↗↓
咸阳	49.90	92	44.61	67	46.73	82	42.15	65	49.43	118	↗↓↗↓
绵阳	50.01	93	45.27	74	42.01	45	40.67	54	43.46	70	↗↗↗↓
宜昌	50.02	94	51.72	138	58.13	142	53.65	134	49.11	116	↓↓↗↗
延吉	50.14	95	54.09	141	45.93	75	45.64	99	51.32	128	↓↗↓↓
海口	50.19	96	47.02	106	41.38	42	43.96	82	39.19	24	↓↗↓↗
莆田	50.29	97	45.89	84	44.50	67	46.03	103	46.08	89	↗↗↓↗
哈尔滨	50.30	98	40.60	16	40.36	34	41.41	62	42.71	64	↗↓↓↓
呼和浩特	50.35	99	43.74	54	44.76	69	42.64	69	43.87	77	↗↓—↓
攀枝花	50.73	100	49.48	125	51.32	124	50.75	131	49.86	119	↓↗↓↗
焦作	50.76	101	45.86	82	48.32	103	46.24	104	43.84	74	↗↓↓↗
漳州	51.00	102	46.80	100	54.66	136	48.69	123	52.73	132	↗↓↗↓
枣庄	51.00	103	46.86	103	49.21	108	52.01	133	59.72	142	—↓↓↓
抚州	51.18	104	45.22	72	48.23	101	42.65	70	43.85	75	↗↓↗↓
临沂	51.21	105	48.10	118	46.90	87	45.37	97	45.72	86	↓↗↓↗
仙桃	51.33	106	47.06	107	43.58	60	47.75	117	45.07	81	↓↗↓↗
孝感	51.39	107	47.27	112	54.77	137	47.60	115	54.85	137	↓↓↗↓
济南	51.48	108	46.13	87	42.36	49	40.09	47	37.94	12	↗↗↗↗
乌鲁木齐	51.60	109	49.80	126	50.37	115	54.71	139	50.14	120	↓↗↓↗
昌吉	51.70	110	50.80	134	57.37	141	46.88	107	50.19	122	↓↓↗↓
自贡	51.71	111	48.05	117	46.89	85	44.68	91	47.82	111	↓↗↓↗
桂林	51.77	112	47.66	114	50.65	119	48.24	121	53.49	135	↓↓↓↓
石家庄	51.91	113	47.14	109	46.75	83	47.00	109	46.34	92	↗↗↓↗
南昌	51.94	114	46.48	91	43.98	64	43.86	79	42.69	63	↗↗↗↗
南阳	52.07	115	43.49	50	49.34	109	43.03	72	46.62	98	↗↓↗↓
泰安	52.08	116	50.16	130	51.96	128	47.78	118	51.13	126	↓↗↗↓
襄阳	52.36	117	46.91	105	46.43	81	45.85	102	48.33	112	↗↗↓↓

续表

高新区	2016年 脆弱性	排名	2017年 脆弱性	排名	2018年 脆弱性	排名	2019年 脆弱性	排名	2020年 脆弱性	排名	排名变动情况
齐齐哈尔	52.40	118	43.91	62	46.11	77	43.94	81	43.83	73	↗↘↘↗
泸州	52.50	119	48.32	120	51.61	125	47.54	114	51.16	127	↘↘↗↘
安阳	52.78	120	48.20	119	52.37	131	47.69	116	50.19	121	↗↘↗↘
株洲	52.78	121	47.18	110	47.22	90	42.36	67	42.51	60	↗↗↗↗
兰州	52.83	122	50.71	132	49.90	112	44.34	85	46.38	95	↘↗↗↘
新乡	52.86	123	46.86	102	47.95	96	43.17	74	45.83	87	↗↗↗↘
三明	53.31	124	46.86	101	49.87	111	44.41	87	46.92	100	↗↘↗↘
南宁	53.34	125	47.13	108	44.26	66	45.27	95	47.72	110	↗↗↘↘
石嘴山	53.48	126	46.55	93	44.84	71	44.42	88	46.92	99	↗↗↗↘
长春	53.50	127	46.55	94	46.90	86	45.77	101	41.93	54	↗↗↘↗
保定	53.60	128	46.60	96	47.33	91	44.71	92	45.11	82	↗↗↘↗
辽阳	53.64	129	55.19	142	53.27	133	55.04	141	53.50	136	↘↗↘↗
济宁	53.89	130	51.19	137	55.78	139	51.33	132	51.56	129	↘↘↗↗
榆林	53.92	131	47.67	115	66.47	146	54.71	140	50.58	125	↗↘↗↗
贵阳	54.41	132	49.80	127	48.27	102	49.67	127	44.33	80	↗↗↘↗
石河子	54.70	133	61.76	147	73.14	147	64.12	145	60.03	143	↘—↗↗
景德镇	54.80	134	46.50	92	50.47	117	47.21	111	44.18	79	↗↘↗↗
阜新	54.89	135	46.19	88	51.75	126	46.41	106	47.70	109	↗↘↗↘
益阳	55.07	136	50.99	135	51.95	127	49.03	126	47.62	108	↗↗↗↗
衡阳	55.09	137	47.20	111	52.98	132	47.05	110	41.99	55	↗↘↗↗
宝鸡	55.46	138	49.98	129	50.46	116	48.71	124	51.77	130	↗↗↘↘
洛阳	55.50	139	45.45	76	49.39	110	44.03	83	49.09	114	↗↘↗↘
乐山	55.70	140	50.56	131	56.68	140	57.68	142	60.42	144	↗↘↘↘
白银	56.85	141	55.45	143	59.42	143	57.87	143	58.17	140	↘——↗
包头	57.12	142	52.20	139	63.21	144	65.84	146	64.25	145	↗↘↘↗
鞍山	57.47	143	49.09	122	51.11	123	50.29	129	50.49	124	↗↘↘↗
淄博	57.64	144	56.37	144	55.65	138	54.34	138	55.83	138	—↗——
营口	57.95	145	50.76	133	53.38	134	61.28	144	58.62	141	↗↘↘↗
吉林	60.01	146	60.12	146	65.93	145	68.81	147	67.83	146	—↗↘↗
大庆	63.23	147	58.03	145	53.55	135	54.09	137	72.55	147	↗↗↘↘

附表3　　2016—2020年国家高新区创新系统耦合协调水平

高新区	2016年 耦合协调度	协调程度	2017年 耦合协调度	协调程度	2018年 耦合协调度	协调程度	2019年 耦合协调度	协调程度	2020年 耦合协调度	协调程度
中关村	0.47	濒临失调	0.53	濒临失调	0.47	濒临失调	0.60	勉强协调	0.58	勉强协调
天津	0.76	勉强协调	0.84	勉强协调	0.82	勉强协调	0.85	勉强协调	0.86	勉强协调
石家庄	0.91	初级协调	0.88	初级协调	0.87	初级协调	0.87	初级协调	0.89	初级协调
唐山	0.80	初级协调	0.81	初级协调	0.76	勉强协调	0.73	勉强协调	0.77	勉强协调
保定	0.89	初级协调	0.84	初级协调	0.84	初级协调	0.82	初级协调	0.88	初级协调
承德	0.83	初级协调	0.79	勉强协调	0.81	初级协调	0.74	勉强协调	0.81	勉强协调
燕郊	0.87	初级协调	0.85	初级协调	0.90	初级协调	0.82	初级协调	0.88	初级协调
太原	0.90	初级协调	0.83	初级协调	0.86	初级协调	0.87	初级协调	0.88	初级协调
长治	0.85	初级协调	0.65	勉强协调	0.86	初级协调	0.80	初级协调	0.86	初级协调
呼和浩特	0.88	初级协调	0.80	勉强协调	0.86	初级协调	0.85	初级协调	0.78	勉强协调
包头	0.93	中级协调	0.71	初级协调	0.92	中级协调	0.92	中级协调	0.96	中级协调
沈阳	0.85	初级协调	0.78	勉强协调	0.80	勉强协调	0.72	勉强协调	0.72	勉强协调
大连	0.88	初级协调	0.85	初级协调	0.88	初级协调	0.89	初级协调	0.91	初级协调
鞍山	0.91	中级协调	0.84	初级协调	0.85	初级协调	0.81	初级协调	0.87	初级协调
本溪	0.82	初级协调	0.82	初级协调	0.80	勉强协调	0.78	勉强协调	0.82	初级协调
锦州	0.88	初级协调	0.86	初级协调	0.87	初级协调	0.81	勉强协调	0.89	初级协调
营口	0.88	中级协调	0.86	初级协调	0.87	初级协调	0.88	中级协调	0.94	中级协调
阜新	0.87	初级协调	0.82	初级协调	0.87	初级协调	0.82	初级协调	0.87	初级协调
辽阳	0.91	初级协调	0.92	中级协调	0.90	初级协调	0.78	初级协调	0.92	初级协调
长春	0.91	初级协调	0.78	勉强协调	0.86	初级协调	0.87	初级协调	0.87	初级协调
长春净月	0.78	初级协调	0.74	勉强协调	0.73	勉强协调	0.70	勉强协调	0.73	勉强协调
吉林	0.96	中级协调	0.95	中级协调	0.94	中级协调	0.91	中级协调	0.96	良好协调
通化	0.82	初级协调	0.79	勉强协调	0.82	初级协调	0.76	勉强协调	0.82	勉强协调
延吉	0.81	初级协调	0.80	初级协调	0.78	勉强协调	0.80	初级协调	0.87	初级协调

续表

高新区	2016年 耦合协调度	协调程度	2017年 耦合协调度	协调程度	2018年 耦合协调度	协调程度	2019年 耦合协调度	协调程度	2020年 耦合协调度	协调程度
哈尔滨	0.90	初级协调	0.82	勉强协调	0.86	勉强协调	0.85	勉强协调	0.89	初级协调
齐齐哈尔	0.86	初级协调	0.78	勉强协调	0.83	初级协调	0.77	勉强协调	0.82	初级协调
大庆	0.94	中级协调	0.90	中级协调	0.91	初级协调	0.92	中级协调	0.96	良好协调
上海张江	0.81	勉强协调	0.80	勉强协调	0.69	勉强协调	0.72	勉强协调	0.73	勉强协调
上海紫竹	0.69	勉强协调	0.68	濒临失调	0.58	濒临失调	0.65	濒临失调	0.60	濒临失调
南京	0.92	中级协调	0.89	中级协调	0.78	勉强协调	0.89	初级协调	0.90	初级协调
无锡	0.91	初级协调	0.85	勉强协调	0.88	初级协调	0.85	勉强协调	0.89	初级协调
江阴	0.89	初级协调	0.88	初级协调	0.88	初级协调	0.83	初级协调	0.87	勉强协调
徐州	0.82	勉强协调	0.81	勉强协调	0.75	勉强协调	0.76	勉强协调	0.79	勉强协调
常州	0.91	初级协调	0.88	初级协调	0.87	初级协调	0.89	初级协调	0.92	初级协调
武进	0.82	勉强协调	0.81	勉强协调	0.80	勉强协调	0.81	勉强协调	0.84	勉强协调
苏州	0.87	初级协调	0.85	勉强协调	0.76	勉强协调	0.82	勉强协调	0.86	勉强协调
昆山	0.81	勉强协调	0.81	勉强协调	0.82	勉强协调	0.76	勉强协调	0.80	勉强协调
苏州工业园	0.61	勉强协调	0.77	勉强协调	0.86	勉强协调	0.84	勉强协调	0.86	勉强协调
常熟	0.80	勉强协调	0.78	勉强协调	0.79	勉强协调	0.74	勉强协调	0.79	勉强协调
南通	0.84	初级协调	0.85	初级协调	0.84	勉强协调	0.80	勉强协调	0.84	勉强协调
连云港	0.86	初级协调	0.86	初级协调	0.83	初级协调	0.73	勉强协调	0.85	初级协调
盐城	0.81	初级协调	0.80	勉强协调	0.82	勉强协调	0.76	勉强协调	0.82	勉强协调
扬州	0.81	勉强协调	0.81	勉强协调	0.79	勉强协调	0.78	勉强协调	0.82	勉强协调
镇江	0.75	初级协调	0.86	初级协调	0.87	初级协调	0.82	初级协调	0.85	勉强协调
泰州	0.86	初级协调	0.86	初级协调	0.87	初级协调	0.83	初级协调	0.91	初级协调
杭州	0.85	初级协调	0.73	勉强协调	0.78	勉强协调	0.73	勉强协调	0.80	勉强协调
萧山	0.81	初级协调	0.79	勉强协调	0.78	勉强协调	0.82	勉强协调	0.86	初级协调
宁波	0.82	勉强协调	0.82	勉强协调	0.84	勉强协调	0.83	勉强协调	0.89	初级协调

续表

高新区	2016年 耦合协调度	协调程度	2017年 耦合协调度	协调程度	2018年 耦合协调度	协调程度	2019年 耦合协调度	协调程度	2020年 耦合协调度	协调程度
温州	0.85	初级协调	0.81	勉强协调	0.85	勉强协调	0.80	勉强协调	0.85	勉强协调
嘉兴	0.85	初级协调	0.84	初级协调	0.87	初级协调	0.78	勉强协调	0.86	勉强协调
湖州	0.84	初级协调	0.81	勉强协调	0.84	勉强协调	0.80	勉强协调	0.84	勉强协调
绍兴	0.72	勉强协调	0.80	勉强协调	0.83	勉强协调	0.81	勉强协调	0.88	初级协调
衢州	0.86	初级协调	0.86	初级协调	0.88	初级协调	0.82	初级协调	0.89	初级协调
合肥	0.90	初级协调	0.88	初级协调	0.86	勉强协调	0.87	勉强协调	0.90	勉强协调
芜湖	0.82	初级协调	0.86	初级协调	0.86	勉强协调	0.75	勉强协调	0.76	勉强协调
蚌埠	0.88	初级协调	0.86	初级协调	0.88	初级协调	0.65	濒临失调	0.88	初级协调
马鞍山	0.91	初级协调	0.90	初级协调	0.91	初级协调	0.88	初级协调	0.82	初级协调
福州	0.84	初级协调	0.80	勉强协调	0.78	勉强协调	0.71	勉强协调	0.77	勉强协调
厦门	0.81	勉强协调	0.83	勉强协调	0.79	勉强协调	0.84	勉强协调	0.86	勉强协调
莆田	0.87	初级协调	0.84	初级协调	0.84	初级协调	0.84	初级协调	0.87	初级协调
三明	0.88	初级协调	0.82	初级协调	0.80	初级协调	0.79	勉强协调	0.89	初级协调
泉州	0.84	初级协调	0.83	勉强协调	0.87	初级协调	0.79	勉强协调	0.86	勉强协调
漳州	0.88	初级协调	0.86	初级协调	0.91	中级协调	0.85	初级协调	0.93	中级协调
龙岩	0.85	初级协调	0.74	勉强协调	0.72	勉强协调	0.76	勉强协调	0.82	勉强协调
南昌	0.92	初级协调	0.89	初级协调	0.89	初级协调	0.79	初级协调	0.89	初级协调
景德镇	0.88	初级协调	0.85	初级协调	0.89	初级协调	0.86	初级协调	0.88	初级协调
新余	0.86	初级协调	0.85	初级协调	0.85	初级协调	0.83	初级协调	0.86	初级协调
鹰潭	0.74	勉强协调	0.82	初级协调	0.78	勉强协调	0.76	勉强协调	0.83	初级协调
赣州	0.83	初级协调	0.83	初级协调	0.77	初级协调	0.72	勉强协调	0.79	初级协调
吉安	0.81	初级协调	0.79	勉强协调	0.80	初级协调	0.64	濒临失调	0.81	勉强协调
抚州	0.87	初级协调	0.83	初级协调	0.87	初级协调	0.80	初级协调	0.85	初级协调
济南	0.90	初级协调	0.88	初级协调	0.83	勉强协调	0.83	勉强协调	0.82	勉强协调
青岛	0.77	勉强协调	0.84	勉强协调	0.80	勉强协调	0.77	勉强协调	0.83	勉强协调

续表

高新区	2016年		2017年		2018年		2019年		2020年	
	耦合协调度	协调程度	耦合协调度	协调程度	耦合协调度	协调程度	耦合协调度	协调程度	耦合协调度	协调程度
淄博	0.96	中级协调	0.94	中级协调	0.91	中级协调	0.90	中级协调	0.96	中级协调
枣庄	0.85	初级协调	0.84	初级协调	0.88	初级协调	0.85	初级协调	0.94	中级协调
黄河三角洲	0.67	勉强协调	0.73	勉强协调	0.71	勉强协调	0.57	濒临失调	0.77	勉强协调
烟台	0.81	初级协调	0.80	勉强协调	0.82	勉强协调	0.79	勉强协调	0.84	勉强协调
潍坊	0.89	初级协调	0.90	初级协调	0.92	初级协调	0.86	初级协调	0.93	初级协调
济宁	0.83	初级协调	0.91	初级协调	0.94	中级协调	0.87	初级协调	0.94	初级协调
泰安	0.87	初级协调	0.89	初级协调	0.92	初级协调	0.86	初级协调	0.93	初级协调
威海	0.79	初级协调	0.88	初级协调	0.88	初级协调	0.85	初级协调	0.91	初级协调
莱芜	0.86	初级协调	0.87	初级协调	0.80	初级协调	0.80	勉强协调	0.67	勉强协调
临沂	0.89	初级协调	0.86	初级协调	0.87	初级协调	0.82	初级协调	0.87	初级协调
德州	0.85	初级协调	0.85	初级协调	0.85	初级协调	0.77	勉强协调	0.85	初级协调
郑州	0.86	初级协调	0.90	初级协调	0.90	初级协调	0.87	初级协调	0.89	初级协调
洛阳	0.91	中级协调	0.87	初级协调	0.91	初级协调	0.86	初级协调	0.92	初级协调
平顶山	0.82	初级协调	0.83	初级协调	0.89	初级协调	0.83	初级协调	0.86	初级协调
安阳	0.89	初级协调	0.86	初级协调	0.90	初级协调	0.84	初级协调	0.91	初级协调
新乡	0.88	初级协调	0.85	初级协调	0.87	初级协调	0.80	勉强协调	0.86	初级协调
焦作	0.85	初级协调	0.79	初级协调	0.83	初级协调	0.74	勉强协调	0.78	勉强协调
南阳	0.87	初级协调	0.72	勉强协调	0.85	初级协调	0.77	勉强协调	0.86	初级协调
武汉	0.92	中级协调	0.83	勉强协调	0.79	勉强协调	0.86	勉强协调	0.61	勉强协调
宜昌	0.86	初级协调	0.92	初级协调	0.92	中级协调	0.85	初级协调	0.87	初级协调
襄阳	0.90	初级协调	0.88	初级协调	0.89	初级协调	0.85	初级协调	0.90	初级协调
荆门	0.89	初级协调	0.91	初级协调	0.93	初级协调	0.87	初级协调	0.91	初级协调
孝感	0.92	初级协调	0.89	初级协调	0.94	中级协调	0.84	初级协调	0.94	中级协调
随州	0.86	初级协调	0.87	初级协调	0.88	初级协调	0.85	初级协调	0.86	初级协调

续表

高新区	2016年 耦合协调度	协调程度	2017年 耦合协调度	协调程度	2018年 耦合协调度	协调程度	2019年 耦合协调度	协调程度	2020年 耦合协调度	协调程度
仙桃	0.89	初级协调	0.66	勉强协调	0.42	濒临失调	0.65	勉强协调	0.67	勉强协调
长沙	0.89	初级协调	0.88	初级协调	0.87	勉强协调	0.83	勉强协调	0.85	初级协调
株洲	0.90	初级协调	0.89	初级协调	0.90	初级协调	0.85	初级协调	0.89	初级协调
湘潭	0.93	中级协调	0.91	初级协调	0.92	中级协调	0.91	初级协调	0.93	中级协调
衡阳	0.92	中级协调	0.87	初级协调	0.93	中级协调	0.85	初级协调	0.87	初级协调
益阳	0.86	初级协调	0.85	初级协调	0.86	初级协调	0.81	初级协调	0.86	初级协调
郴州	0.85	初级协调	0.81	勉强协调	0.82	初级协调	0.76	勉强协调	0.84	勉强协调
广州	0.75	勉强协调	0.71	勉强协调	0.77	勉强协调	0.82	勉强协调	0.69	勉强协调
深圳	0.68	勉强协调	0.63	濒临失调	0.64	濒临失调	0.58	濒临失调	0.66	濒临失调
珠海	0.85	初级协调	0.85	初级协调	0.81	勉强协调	0.84	初级协调	0.83	勉强协调
佛山	0.88	初级协调	0.89	初级协调	0.80	初级协调	0.84	初级协调	0.89	初级协调
江门	0.87	初级协调	0.85	初级协调	0.86	初级协调	0.82	初级协调	0.82	勉强协调
肇庆	0.90	初级协调	0.88	初级协调	0.90	初级协调	0.85	初级协调	0.86	勉强协调
惠州	0.84	初级协调	0.84	勉强协调	0.85	勉强协调	0.73	勉强协调	0.89	初级协调
源城	0.82	初级协调	0.81	初级协调	0.82	勉强协调	0.78	勉强协调	0.83	初级协调
清远	0.87	初级协调	0.83	初级协调	0.87	初级协调	0.83	勉强协调	0.83	勉强协调
东莞	0.83	初级协调	0.83	勉强协调	0.81	初级协调	0.74	勉强协调	0.88	初级协调
中山	0.88	初级协调	0.86	初级协调	0.84	初级协调	0.83	勉强协调	0.89	初级协调
南宁	0.91	初级协调	0.86	初级协调	0.88	初级协调	0.87	初级协调	0.92	初级协调
柳州	0.87	初级协调	0.91	初级协调	0.80	初级协调	0.85	初级协调	0.78	初级协调
桂林	0.91	初级协调	0.88	初级协调	0.92	初级协调	0.88	初级协调	0.95	中级协调
北海	0.84	初级协调	0.81	勉强协调	0.80	勉强协调	0.83	初级协调	0.86	初级协调
海口	0.85	初级协调	0.77	初级协调	0.72	勉强协调	0.81	勉强协调	0.75	勉强协调
重庆	0.87	初级协调	0.66	勉强协调	0.75	勉强协调	0.74	勉强协调	0.77	勉强协调
璧山	0.77	勉强协调	0.60	濒临失调	0.68	濒临失调	0.65	濒临失调	0.69	濒临失调

续表

高新区	2016年		2017年		2018年		2019年		2020年	
	耦合协调度	协调程度	耦合协调度	协调程度	耦合协调度	协调程度	耦合协调度	协调程度	耦合协调度	协调程度
成都	0.90	初级协调	0.85	勉强协调	0.82	勉强协调	0.84	勉强协调	0.84	勉强协调
自贡	0.87	初级协调	0.85	初级协调	0.85	初级协调	0.83	初级协调	0.87	初级协调
攀枝花	0.89	初级协调	0.88	初级协调	0.88	初级协调	0.87	初级协调	0.89	初级协调
泸州	0.86	初级协调	0.84	初级协调	0.88	初级协调	0.86	初级协调	0.92	初级协调
德阳	0.86	初级协调	0.84	初级协调	0.89	初级协调	0.81	勉强协调	0.86	初级协调
绵阳	0.87	初级协调	0.84	初级协调	0.85	勉强协调	0.81	勉强协调	0.85	初级协调
乐山	0.89	中级协调	0.90	初级协调	0.83	初级协调	0.89	中级协调	0.95	中级协调
贵阳	0.94	中级协调	0.88	初级协调	0.90	初级协调	0.88	初级协调	0.88	初级协调
昆明	0.87	初级协调	0.71	勉强协调	0.84	勉强协调	0.83	勉强协调	0.86	勉强协调
玉溪	0.83	初级协调	0.78	勉强协调	0.83	初级协调	0.84	初级协调	0.89	初级协调
西安	0.91	初级协调	0.90	初级协调	0.82	初级协调	0.89	初级协调	0.87	初级协调
宝鸡	0.87	初级协调	0.83	初级协调	0.88	初级协调	0.85	初级协调	0.90	初级协调
杨凌	0.82	初级协调	0.83	初级协调	0.88	初级协调	0.82	初级协调	0.89	初级协调
咸阳	0.88	初级协调	0.84	初级协调	0.89	初级协调	0.73	勉强协调	0.90	初级协调
渭南	0.78	勉强协调	0.85	初级协调	0.90	初级协调	0.85	初级协调	0.94	中级协调
榆林	0.73	初级协调	0.60	勉强协调	0.84	中级协调	0.74	初级协调	0.82	初级协调
安康	0.77	初级协调	0.79	勉强协调	0.78	初级协调	0.82	初级协调	0.78	初级协调
兰州	0.96	中级协调	0.89	初级协调	0.83	初级协调	0.81	初级协调	0.91	初级协调
白银	0.83	初级协调	0.91	中级协调	0.89	中级协调	0.87	中级协调	0.87	中级协调
青海	0.82	初级协调	0.78	勉强协调	0.77	勉强协调	0.76	勉强协调	0.80	勉强协调
银川	0.75	勉强协调	0.70	勉强协调	0.72	勉强协调	0.70	勉强协调	0.75	勉强协调
石嘴山	0.90	初级协调	0.81	初级协调	0.84	初级协调	0.83	初级协调	0.87	初级协调
乌鲁木齐	0.92	初级协调	0.90	初级协调	0.82	初级协调	0.88	初级协调	0.91	初级协调
昌吉	0.67	勉强协调	0.70	勉强协调	0.83	初级协调	0.68	勉强协调	0.84	初级协调
石河子	0.89	初级协调	0.89	中级协调	0.85	中级协调	0.79	中级协调	0.87	中级协调

附表 4　2020 年国家高新区创新系统脆弱性排名前十指标

高新区	指标	障碍度	指标	障碍度	指标	障碍度	指标	障碍度	指标	障碍度	指标	障碍度	指标	障碍度	指标	障碍度	指标	障碍度	指标	障碍度
中关村	P7	0.4394	R11	0.1401	P5	0.1318	R9	0.1094	P4	0.0485	S8	0.0252	R1	0.0172	R10	0.0153	P6	0.0133	P1	0.0106
天津	P7	0.6038	R9	0.1324	R11	0.0971	P5	0.0847	P6	0.0299	S8	0.0128	R1	0.0081	R10	0.0080	P4	0.0055	P1	0.0043
石家庄	P7	0.6556	R11	0.1074	R9	0.0906	P5	0.0638	P6	0.0191	S8	0.0143	R1	0.0122	P1	0.0094	P4	0.0070	R10	0.0065
唐山	P7	0.6299	R9	0.1360	R11	0.1005	P5	0.0489	P6	0.0420	S8	0.0185	R1	0.0088	R10	0.0036	R6	0.0033	P2	0.0022
保定	P7	0.6655	R11	0.1007	R9	0.0601	P6	0.0595	P5	0.0568	S8	0.0224	P4	0.0092	R1	0.0084	R10	0.0053	R6	0.0032
承德	P7	0.6495	R9	0.1364	R11	0.0992	P6	0.0461	P5	0.0250	S8	0.0189	R1	0.0084	R6	0.0042	P2	0.0023	P3	0.0022
燕郊	P7	0.6375	R9	0.1463	R11	0.1065	P5	0.0534	P6	0.0223	S8	0.0117	R1	0.0059	R10	0.0031	P4	0.0029	R6	0.0029
太原	P7	0.6028	R9	0.1224	R9	0.0969	P5	0.0740	P6	0.0470	S8	0.0174	P4	0.0139	R1	0.0088	R6	0.0041	R10	0.0032
长治	P7	0.6837	R11	0.0977	R9	0.0964	P5	0.0441	P6	0.0400	S8	0.0177	R1	0.0059	P4	0.0045	R6	0.0032	P2	0.0016
呼和浩特	P7	0.5956	R9	0.1009	R11	0.0939	P6	0.0826	P5	0.0668	S8	0.0191	R1	0.0104	P4	0.0092	R6	0.0057	R3	0.0046
包头	P7	0.4939	R11	0.1706	P5	0.0955	P6	0.0854	P4	0.0711	P4	0.0244	S8	0.0169	R1	0.0164	R6	0.0050	P2	0.0042
沈阳	P7	0.6285	R9	0.1226	R11	0.0988	S8	0.0710	P6	0.0209	P6	0.0169	P1	0.0119	R1	0.0112	R10	0.0035	P2	0.0033
大连	P7	0.4592	R9	0.1446	R11	0.1308	P6	0.0986	R9	0.0986	S8	0.0177	R1	0.0150	P4	0.0079	P1	0.0057	P4	0.0033
鞍山	P7	0.7051	R11	0.1057	P6	0.0614	R9	0.0558	P4	0.0298	P4	0.0089	R1	0.0085	S8	0.0064	P1	0.0048	R6	0.0043
本溪	P7	0.6742	R11	0.1115	P6	0.0769	R9	0.0557	S8	0.0501	S8	0.0138	R1	0.0061	R6	0.0033	P2	0.0025	R6	0.0043
锦州	P7	0.6466	R11	0.0994	R9	0.0898	P5	0.0693	P6	0.0630	S8	0.0126	R6	0.0043	P4	0.0040	R1	0.0031	P2	0.0026

续表

高新区	指标	障碍度	指标	障碍度	指标	障碍度	指标	障碍度	指标	障碍度	指标	障碍度	指标	障碍度	指标	障碍度
营口	P7	0.6107	R11	0.1530	P5	0.0789	S8	0.0597	S8	0.0320	P6	0.0316	P4	0.0104	R1	0.0075	R6	0.0056	P2	0.0029
阜新	P7	0.6847	R11	0.1052	R9	0.0701	P6	0.0634	P5	0.0405	S8	0.0090	P4	0.0073	R1	0.0046	R6	0.0043	P2	0.0025
辽阳	P7	0.5521	R11	0.1258	R9	0.0958	P6	0.0795	P5	0.0711	S8	0.0295	P4	0.0210	R6	0.0081	R1	0.0053	R2	0.0047
长春	P7	0.6394	R9	0.1026	R11	0.0941	P5	0.0649	P6	0.0337	S8	0.0229	P4	0.0147	R1	0.0104	R6	0.0047	R10	0.0032
长春净月	P7	0.6013	R9	0.1295	P6	0.0854	R11	0.0846	P5	0.0583	S8	0.0172	R1	0.0078	R6	0.0042	R10	0.0029	P2	0.0020
吉林	P7	0.5876	R11	0.1555	R9	0.1024	P5	0.0689	P6	0.0324	R1	0.0168	P4	0.0160	R10	0.0073	R10	0.0029	P1	0.0023
通化	P7	0.6449	R9	0.1286	R11	0.0937	P6	0.0744	P5	0.0334	R6	0.0057	S8	0.0056	R1	0.0048	P4	0.0028	P2	0.0023
延吉	P7	0.6883	R9	0.1397	P6	0.0833	R11	0.0625	R1	0.0075	P4	0.0063	R1	0.0040	R6	0.0036	P2	0.0026	R3	0.0005
哈尔滨	P7	0.6293	R9	0.1191	R11	0.0954	P5	0.0634	P6	0.0473	S8	0.0119	R1	0.0088	P4	0.0062	P1	0.0042	R10	0.0036
齐齐哈尔	P7	0.6645	R11	0.1085	R9	0.0987	P6	0.0652	P5	0.0281	S8	0.0123	P4	0.0063	P4	0.0052	P2	0.0028	R6	0.0025
大庆	R9	0.2668	R11	0.2376	P6	0.2007	P5	0.1313	S8	0.0565	P4	0.0378	R6	0.0237	R6	0.0094	P2	0.0080	R3	0.0065
上海张江	P7	0.5141	R11	0.1258	P5	0.1156	S8	0.1074	S8	0.0270	P6	0.0199	R10	0.0174	R10	0.0159	R1	0.0124	P20	0.0122
上海紫竹	P7	0.5725	R9	0.1273	R11	0.0994	P6	0.0878	P6	0.0483	S8	0.0201	R1	0.0121	R1	0.0118	P1	0.0072	S2	0.0040
南京	P7	0.5372	R11	0.1139	R9	0.1062	P5	0.1008	P6	0.0559	S8	0.0195	R1	0.0135	R1	0.0117	R10	0.0094	P1	0.0064
无锡	P7	0.5864	R9	0.1148	R11	0.0990	P5	0.0810	P6	0.0663	S8	0.0185	P4	0.0065	R10	0.0061	R1	0.0055	R6	0.0047
江阴	P7	0.5468	R9	0.1388	R11	0.1264	P5	0.0849	P6	0.0571	S8	0.0164	R10	0.0064	R6	0.0049	R1	0.0049	P4	0.0027

续表

高新区	指标	障碍度	指标	障碍度	指标	障碍度	指标	障碍度	指标	障碍度	指标	障碍度	指标	障碍度	指标	障碍度	指标	障碍度	指标	障碍度
徐州	P7	0.6178	R9	0.1204	R11	0.0967	P5	0.0603	P6	0.0586	S8	0.0172	R1	0.0103	R10	0.0047	R6	0.0036	P4	0.0029
常州	P7	0.6043	R9	0.1164	R11	0.1074	P5	0.0789	P6	0.0431	S8	0.0124	P4	0.0074	R1	0.0065	R6	0.0061	R10	0.0044
武进	P7	0.6210	R9	0.1132	R11	0.0909	P5	0.0670	P6	0.0621	S8	0.0179	R1	0.0063	R6	0.0052	P4	0.0045	R10	0.0037
苏州	P7	0.5782	R9	0.1477	R11	0.1010	P5	0.0821	P6	0.0316	S8	0.0165	R1	0.0108	S2	0.0069	R6	0.0049	R6	0.0043
昆山	P7	0.6015	R9	0.1370	R11	0.1014	P5	0.0745	P6	0.0364	S8	0.0191	R10	0.0098	R6	0.0044	R1	0.0039	R1	0.0034
苏州工业园	P7	0.6057	R9	0.1355	R11	0.1060	P5	0.0829	S8	0.0146	R1	0.0118	R10	0.0109	S2	0.0052	R6	0.0049	R6	0.0043
常熟	P7	0.6152	R9	0.1412	R11	0.0907	P5	0.0754	P6	0.0368	S8	0.0118	R1	0.0099	R6	0.0045	R6	0.0039	R1	0.0028
南通	P7	0.6128	R9	0.1292	R11	0.0996	P5	0.0602	P6	0.0579	S8	0.0113	R10	0.0080	R6	0.0051	R6	0.0041	P4	0.0040
连云港	P7	0.6660	R11	0.1053	R9	0.0716	P5	0.0703	P6	0.0396	S8	0.0175	R1	0.0098	P4	0.0039	P2	0.0039	P2	0.0029
盐城	P7	0.6272	R9	0.1387	R11	0.0985	P6	0.0552	P5	0.0503	S8	0.0102	R10	0.0040	R1	0.0033	R6	0.0030	R6	0.0025
扬州	P7	0.6333	R9	0.1232	R11	0.0934	P5	0.0651	P6	0.0425	S8	0.0195	R1	0.0074	R6	0.0038	P2	0.0025	R10	0.0022
镇江	P7	0.6025	R9	0.1257	R11	0.1095	P6	0.0635	P5	0.0621	S8	0.0174	R1	0.0048	R6	0.0028	R1	0.0023	R10	0.0022
泰州	P7	0.6497	R9	0.1256	R11	0.0943	P5	0.0557	P6	0.0479	S8	0.0046	P4	0.0039	R6	0.0038	R6	0.0037	R10	0.0032
杭州	P7	0.6124	R9	0.0983	R11	0.0969	P5	0.0826	P6	0.0384	S8	0.0160	R1	0.0117	P1	0.0096	P4	0.0077	R10	0.0076
萧山	P7	0.5365	R9	0.1507	R11	0.1090	P5	0.0939	P6	0.0611	S8	0.0150	R10	0.0086	R1	0.0046	R6	0.0045	P4	0.0038
宁波	P7	0.5592	R9	0.1389	P5	0.0966	R11	0.0893	P6	0.0486	S8	0.0247	P4	0.0081	R10	0.0071	R6	0.0068	R6	0.0040

续表

高新区	指标	障碍度	指标	障碍度	指标	障碍度	指标	障碍度	指标	障碍度	指标	障碍度	指标	障碍度	指标	障碍度	指标	障碍度
温州	P7	0.6376	R9	0.1263	R11	0.0930	P5	0.0638	P6	0.0335	S8	0.0208	R10	0.0061	R6	0.0036	R1	0.0028	P4	0.0028
嘉兴	P7	0.6208	R9	0.1374	R11	0.1041	P5	0.0727	P6	0.0315	S8	0.0140	R6	0.0036	R1	0.0027	R10	0.0026	P4	0.0026
湖州	P7	0.6326	R9	0.1311	R11	0.0947	P5	0.0626	P6	0.0421	S8	0.0159	R6	0.0039	R1	0.0034	P4	0.0033	R10	0.0028
绍兴	P7	0.6287	R9	0.1344	R11	0.0866	P5	0.0648	P6	0.0473	S8	0.0165	R1	0.0035	R6	0.0032	R10	0.0032	P4	0.0027
衢州	P7	0.5156	R9	0.1554	R11	0.1207	P6	0.0982	P5	0.0620	S8	0.0194	P4	0.0139	R6	0.0045	P2	0.0029	R1	0.0019
合肥	P7	0.6032	R9	0.1192	R11	0.1031	P5	0.0715	P6	0.0346	S8	0.0157	P4	0.0125	R1	0.0104	P1	0.0071	R10	0.0054
芜湖	P7	0.6320	R9	0.1270	R11	0.1022	P5	0.0271	S8	0.0264	P6	0.0264	P4	0.0068	R1	0.0057	R6	0.0032	P2	0.0023
蚌埠	P7	0.6346	R9	0.1225	R11	0.1051	P5	0.0388	P6	0.0388	S8	0.0142	P4	0.0114	R1	0.0050	R6	0.0026	P2	0.0023
马鞍山	P7	0.5677	R9	0.1345	R11	0.1186	P6	0.0555	P5	0.0555	S8	0.0175	P4	0.0132	P1	0.0065	P22	0.0062	P1	0.0053
福州	P7	0.6329	R9	0.1220	R11	0.0890	P5	0.0774	S8	0.0259	P6	0.0203	R1	0.0088	R1	0.0057	R10	0.0054	R6	0.0028
厦门	P7	0.6093	R9	0.1048	R11	0.0982	P5	0.0776	P6	0.0627	S8	0.0139	P4	0.0094	R10	0.0065	R6	0.0037	R10	0.0033
莆田	P7	0.6615	R9	0.1076	R11	0.1057	P6	0.0588	P5	0.0393	P4	0.0062	R6	0.0061	P2	0.0037	R6	0.0035	P2	0.0024
三明	P7	0.6172	R9	0.1395	R11	0.1087	P5	0.0701	P6	0.0426	S8	0.0044	R6	0.0041	R6	0.0025	P4	0.0022	R1	0.0021
泉州	P7	0.6244	R9	0.1302	R11	0.1023	P6	0.0688	P5	0.0336	S8	0.0194	R10	0.0058	R6	0.0037	P2	0.0023	R1	0.0019
漳州	P7	0.6717	R9	0.1071	R11	0.1070	P5	0.0659	P6	0.0205	S8	0.0093	R6	0.0046	P4	0.0036	R10	0.0031	P2	0.0026
龙岩	P7	0.6444	R9	0.1236	R11	0.1007	P6	0.0533	P5	0.0487	S8	0.0103	P2	0.0037	R6	0.0034	P4	0.0029	P1	0.0026

续表

高新区	指标	障碍度	指标	障碍度	指标	障碍度	指标	障碍度	指标	障碍度	指标	障碍度	指标	障碍度	指标	障碍度
南昌	P7	0.5867	R9	0.1243	R11	0.1109	P5	0.0757	P6	0.0344	S8	0.0257	P4	0.0129	R1	0.0098	R10	0.0043	R6	0.0040
景德镇	P7	0.6444	R11	0.1066	R9	0.0901	P6	0.0714	P5	0.0382	P4	0.0167	S8	0.0157	R6	0.0037	R1	0.0035	P2	0.0024
新余	P7	0.6725	R11	0.0956	R9	0.0819	P5	0.0568	P6	0.0409	S8	0.0285	S8	0.0088	R6	0.0040	R1	0.0030	P2	0.0024
鹰潭	P7	0.6454	R9	0.1217	R11	0.1006	P5	0.0550	P6	0.0409	S8	0.0116	P4	0.0097	R6	0.0046	R1	0.0036	P2	0.0023
赣州	P7	0.5898	R9	0.1394	R11	0.1089	P5	0.0755	P5	0.0584	R1	0.0080	S8	0.0052	R6	0.0034	R10	0.0030	P2	0.0022
吉安	P7	0.6331	R9	0.1276	R11	0.1008	P5	0.0578	P5	0.0527	P4	0.0083	P4	0.0040	P2	0.0037	R6	0.0033	R1	0.0024
抚州	P7	0.6646	R9	0.1373	R11	0.1061	P6	0.0351	P6	0.0180	P4	0.0121	R1	0.0074	R1	0.0063	R6	0.0052	P2	0.0023
济南	P7	0.6246	R11	0.1214	R9	0.0937	S8	0.0751	S8	0.0219	R1	0.0172	P4	0.0108	P4	0.0103	R10	0.0059	R6	0.0045
青岛	P7	0.6369	R9	0.1057	R11	0.0977	P5	0.0804	S8	0.0252	R1	0.0172	R10	0.0076	P4	0.0057	P4	0.0056	P1	0.0034
淄博	P7	0.5760	R11	0.1155	R9	0.0753	P5	0.0475	P6	0.0383	P4	0.0253	R1	0.0163	R6	0.0081	R6	0.0041	P2	0.0033
枣庄	P7	0.6285	R9	0.1846	R11	0.0633	P5	0.0519	P6	0.0451	R6	0.0085	P1	0.0051	P4	0.0033	P4	0.0025	S8	0.0023
黄河三角洲	P7	0.6557	R9	0.1491	P6	0.0714	R11	0.0507	S8	0.0174	S8	0.0054	R1	0.0049	R6	0.0034	P2	0.0021	P4	0.0017
烟台	P7	0.6484	R9	0.1301	R11	0.0967	P6	0.0697	S8	0.0677	S8	0.0155	P1	0.0060	R10	0.0034	R6	0.0033	P2	0.0024
潍坊	P7	0.5885	R9	0.1087	R11	0.1073	P5	0.0714	P5	0.0547	S8	0.0173	R6	0.0156	R1	0.0053	R10	0.0047	R6	0.0033
济宁	P7	0.6136	R11	0.1179	R9	0.1097	P5	0.0635	P5	0.0547	P4	0.0127	R1	0.0056	R1	0.0056	R6	0.0042	R10	0.0039
泰安	P7	0.6561	R9	0.0945	R11	0.0927	P6	0.0696	P5	0.0477	S8	0.0103	R1	0.0069	P4	0.0057	R6	0.0040	P1	0.0028

续表

高新区	指标	障碍度	指标	障碍度	指标	障碍度	指标	障碍度	指标	障碍度	指标	障碍度	指标	障碍度	指标	障碍度
威海	P7	0.6688	R11	0.0932	R9	0.0902	P5	0.0643	P6	0.0341	S8	0.0203	P4	0.0104	R1	0.0052	R6	0.0033	P2	0.0025
东莞	P7	0.6487	R9	0.1152	R11	0.1130	P5	0.0514	P6	0.0211	S8	0.0146	P4	0.0111	R3	0.0056	R2	0.0052	R1	0.0041
临沂	P7	0.6714	R9	0.1166	R11	0.1015	P5	0.0556	P6	0.0217	R1	0.0080	S8	0.0050	R6	0.0045	R10	0.0043	P4	0.0030
德州	P7	0.6511	R9	0.1460	R11	0.1095	P5	0.0495	P6	0.0278	R6	0.0034	P2	0.0029	R10	0.0022	R10	0.0015	P4	0.0012
郑州	P7	0.5609	R9	0.1409	R11	0.1185	P5	0.0755	P6	0.0429	S8	0.0173	R1	0.0110	R1	0.0080	R1	0.0047	P1	0.0040
洛阳	P7	0.6660	R11	0.1141	R9	0.0619	P5	0.0615	P6	0.0467	S8	0.0145	P4	0.0100	P4	0.0054	R6	0.0040	R10	0.0038
平顶山	P7	0.6466	R9	0.1500	R11	0.0939	P6	0.0491	P5	0.0278	S8	0.0102	R1	0.0082	R6	0.0040	R6	0.0034	P2	0.0024
安阳	P7	0.6787	R9	0.1340	R11	0.0991	P5	0.0369	P6	0.0194	P4	0.0082	R1	0.0067	P4	0.0035	P2	0.0028	R10	0.0024
新乡	P7	0.6777	R11	0.1149	R9	0.1053	P5	0.0527	P6	0.0181	S8	0.0074	R1	0.0049	P4	0.0037	R6	0.0032	R10	0.0027
焦作	P7	0.6652	R9	0.1401	R11	0.1171	P5	0.0345	P6	0.0210	R1	0.0058	R6	0.0039	S8	0.0024	P2	0.0023	P4	0.0021
南阳	P7	0.6806	R9	0.1170	R11	0.1123	P5	0.0387	P6	0.0219	R1	0.0064	S8	0.0046	R6	0.0038	P1	0.0033	R10	0.0031
武汉	P7	0.6518	R11	0.1115	P5	0.0837	S8	0.0293	R9	0.0209	P6	0.0191	P4	0.0146	P1	0.0125	R1	0.0121	R10	0.0089
宜昌	P7	0.4997	R9	0.1907	R11	0.1383	P5	0.0632	P6	0.0407	S8	0.0321	P4	0.0107	R6	0.0065	R6	0.0040	P2	0.0031
襄阳	P7	0.6768	R11	0.1122	R9	0.0906	P5	0.0443	P4	0.0338	S8	0.0130	S8	0.0085	R1	0.0057	R6	0.0034	R10	0.0026
荆门	P7	0.6257	R9	0.1315	R11	0.1103	P5	0.0431	S8	0.0400	P4	0.0177	P4	0.0141	R1	0.0048	R6	0.0035	P2	0.0025
孝感	P7	0.6607	R11	0.1270	R9	0.0618	P6	0.0552	P4	0.0464	S8	0.0153	S8	0.0136	R1	0.0067	R6	0.0035	P2	0.0028

续表

高新区	指标	障碍度	指标	障碍度	指标	障碍度	指标	障碍度	指标	障碍度	指标	障碍度	指标	障碍度	指标	障碍度
随州	P7	0.6548	R9	0.1274	R11	0.1092	P6	0.0344	P5	0.0337	P4	0.0112	S8	0.0076	P2	0.0053	R6	0.0051	R1	0.0034
仙桃	P7	0.6858	R9	0.1341	R11	0.1071	P6	0.0334	P4	0.0131	S8	0.0056	R6	0.0053	P13	0.0048	P12	0.0028	P3	0.0016
长沙	P7	0.7065	R11	0.1249	P5	0.0721	S8	0.0272	P6	0.0236	R1	0.0102	P4	0.0080	R10	0.0065	R6	0.0045	P1	0.0045
株洲	P7	0.6116	R9	0.1264	R11	0.1066	P5	0.0556	P6	0.0394	S8	0.0226	P4	0.0166	R1	0.0078	R6	0.0033	P2	0.0024
湘潭	P7	0.3964	R9	0.2117	R11	0.1438	P6	0.1003	S8	0.0707	P4	0.0264	P4	0.0185	R1	0.0099	P1	0.0061	P2	0.0039
衡阳	P7	0.6159	R9	0.1366	R11	0.1174	P5	0.0512	S8	0.0353	P4	0.0187	R1	0.0055	P4	0.0039	P1	0.0032	R6	0.0030
益阳	P7	0.6972	R9	0.1154	R11	0.1045	P5	0.0288	S8	0.0222	P4	0.0089	P4	0.0063	R1	0.0051	R6	0.0033	P2	0.0027
郴州	P7	0.6606	R9	0.0965	R11	0.0965	P5	0.0446	P6	0.0211	P2	0.0171	P2	0.0091	P4	0.0060	R6	0.0034	R1	0.0030
广州	P7	0.6065	R9	0.1099	R11	0.1045	P6	0.0424	S8	0.0240	R10	0.0188	R10	0.0118	R1	0.0051	S2	0.0070	S1	0.0070
深圳	P7	0.6258	P5	0.0870	R11	0.1027	R9	0.0831	S8	0.0202	P4	0.0171	P4	0.0123	R1	0.0083	R10	0.0081	P1	0.0076
珠海	P7	0.6192	R9	0.1396	R11	0.0965	P5	0.0747	S8	0.0180	P4	0.0170	P4	0.0151	R6	0.0034	P2	0.0032	P2	0.0025
佛山	P7	0.5796	R9	0.1126	R11	0.0998	P5	0.0749	P6	0.0695	P4	0.0250	P4	0.0086	R1	0.0049	R10	0.0049	R6	0.0040
江门	P7	0.6291	R9	0.1434	R11	0.0988	P5	0.0654	S8	0.0228	P4	0.0175	P4	0.0067	R6	0.0030	P2	0.0027	R10	0.0024
肇庆	P7	0.6177	R9	0.1345	R11	0.1184	P5	0.0587	P6	0.0215	P4	0.0194	R10	0.0092	R6	0.0048	P2	0.0047	R6	0.0042
惠州	P7	0.7149	R9	0.0834	P5	0.0796	S8	0.0637	S8	0.0216	R10	0.0110	R1	0.0046	R6	0.0042	R10	0.0035	P1	0.0035
源城	P7	0.6513	R9	0.1179	R11	0.1106	P6	0.0593	S8	0.0299	R1	0.0115	P4	0.0079	R1	0.0038	P2	0.0023	R10	0.0010
清远	P7	0.6432	R11	0.1268	R9	0.1135	P5	0.0537	P6	0.0212	S8	0.0202	P4	0.0080	R6	0.0032	P2	0.0024	R1	0.0018

续表

高新区	指标	障碍度	指标	障碍度	指标	障碍度	指标	障碍度	指标	障碍度	指标	障碍度	指标	障碍度	指标	障碍度
东莞	P7	0.7058	R9	0.0923	P5	0.0916	P6	0.0340	R11	0.0290	P4	0.0111	S8	0.0108	R1	0.0058	R6	0.0043	R10	0.0027
中山	P7	0.6195	R9	0.1298	R11	0.1133	P5	0.0718	P6	0.0185	S8	0.0177	P4	0.0099	R6	0.0047	R10	0.0029	P2	0.0025
南宁	P7	0.6702	R9	0.1009	P5	0.0729	R11	0.0688	S8	0.0222	P6	0.0195	P4	0.0112	P1	0.0079	R1	0.0067	R10	0.0050
柳州	P7	0.6623	R11	0.1151	P6	0.0518	P5	0.0444	R9	0.0389	S8	0.0258	P2	0.0208	P4	0.0159	R1	0.0068	P1	0.0045
桂林	P7	0.6791	R9	0.0875	R11	0.0753	P6	0.0586	P5	0.0480	S8	0.0151	P4	0.0099	R1	0.0070	P1	0.0035	P2	0.0034
北海	P7	0.7316	R11	0.1042	P6	0.0540	P5	0.0477	R9	0.0200	P4	0.0099	S8	0.0099	R1	0.0042	R6	0.0030	P2	0.0028
海口	P7	0.6286	R9	0.1230	R9	0.0814	P5	0.0699	P6	0.0421	S8	0.0099	P2	0.0158	P4	0.0084	R1	0.0065	P1	0.0064
重庆	P7	0.6188	R9	0.1273	R11	0.0997	P5	0.0698	R10	0.0216	P6	0.0209	S8	0.0175	R1	0.0040	P1	0.0032	R6	0.0031
璧山	P7	0.6121	R9	0.1351	R11	0.0965	P5	0.0653	P6	0.0358	R10	0.0202	S8	0.0175	R1	0.0049	R6	0.0029	P2	0.0022
成都	P7	0.6132	R9	0.1064	R11	0.1044	P5	0.0738	S8	0.0251	P6	0.0174	R10	0.0122	R1	0.0111	P4	0.0085	P1	0.0075
自贡	P7	0.6840	R9	0.1106	R11	0.1047	P5	0.0537	P5	0.0191	P4	0.0081	S8	0.0042	R1	0.0039	R6	0.0027	P2	0.0024
攀枝花	P7	0.6645	R11	0.1254	R9	0.0877	P5	0.0643	P5	0.0286	P6	0.0089	R1	0.0056	R6	0.0030	R3	0.0029	P2	0.0026
泸州	P7	0.6843	R9	0.1307	R11	0.1020	P5	0.0307	P5	0.0186	P4	0.0076	P4	0.0072	R1	0.0047	R6	0.0035	P2	0.0027
德阳	P7	0.6293	R9	0.1204	R9	0.1098	P5	0.0753	P5	0.0374	S8	0.0086	P4	0.0042	R1	0.0039	R6	0.0032	P2	0.0020
绵阳	P7	0.6655	R11	0.1118	R11	0.0820	P5	0.0484	P5	0.0442	S8	0.0172	P4	0.0092	R1	0.0045	R6	0.0032	R10	0.0026
乐山	P7	0.6712	R9	0.1382	R11	0.0710	P5	0.0566	P5	0.0313	P4	0.0091	S8	0.0046	R6	0.0043	P2	0.0032	R1	0.0029
贵阳	P7	0.5956	R11	0.1333	R9	0.1294	P5	0.0664	P6	0.0193	S8	0.0161	P4	0.0116	R1	0.0080	P1	0.0053	R6	0.0036

续表

高新区	指标	障碍度	指标	障碍度	指标	障碍度	指标	障碍度	指标	障碍度	指标	障碍度	指标	障碍度	指标	障碍度
昆明	P7	0.6248	R9	0.1275	R11	0.1108	P5	0.0654	P6	0.0267	S8	0.0165	R1	0.0068	P4	0.0061	R10	0.0040	R6	0.0034
玉溪	P7	0.6238	R9	0.1497	R11	0.0917	P6	0.0723	P5	0.0230	S8	0.0117	R1	0.0088	P4	0.0088	R6	0.0033	P2	0.0026
西安	P7	0.5932	R11	0.1259	P5	0.0902	P6	0.0573	R9	0.0402	S8	0.0192	P4	0.0172	R1	0.0155	P1	0.0092	R10	0.0080
宝鸡	P7	0.7159	R11	0.1103	R9	0.0703	P5	0.0339	P6	0.0234	P4	0.0190	S8	0.0066	R1	0.0062	R6	0.0035	P2	0.0026
杨凌	P7	0.6509	R9	0.1058	R11	0.0989	P6	0.0746	P5	0.0420	P1	0.0061	R1	0.0050	S8	0.0045	R6	0.0030	P2	0.0024
咸阳	P7	0.7081	R11	0.1035	R9	0.0619	P5	0.0441	P6	0.0347	S8	0.0175	R1	0.0083	P4	0.0052	R6	0.0031	P2	0.0025
渭南	P7	0.5790	R9	0.1704	R11	0.1369	P6	0.0381	P5	0.0371	R1	0.0091	P4	0.0061	S8	0.0052	R6	0.0038	P2	0.0036
榆林	P7	0.5431	R9	0.1470	R11	0.1384	P6	0.1108	P5	0.0301	R1	0.0101	P4	0.0054	S8	0.0035	R6	0.0032	P2	0.0028
安康	P7	0.6587	R9	0.1081	R11	0.1009	P6	0.0618	P5	0.0275	R6	0.0103	P4	0.0082	P1	0.0076	R1	0.0057	R3	0.0034
兰州	P7	0.6492	R9	0.1099	R11	0.1062	P5	0.0475	P6	0.0342	S8	0.0154	R1	0.0128	R1	0.0081	P1	0.0031	R10	0.0030
白银	P7	0.5748	R11	0.1268	R9	0.1057	P6	0.0821	P4	0.0473	S8	0.0314	R6	0.0104	R1	0.0050	R1	0.0049	P2	0.0045
青海	P7	0.6491	R9	0.1337	R11	0.0983	P5	0.0437	P6	0.0432	R1	0.0122	P1	0.0077	P2	0.0026	P2	0.0023	R2	0.0017
银川	P7	0.6334	R9	0.1389	P6	0.1279	P6	0.0745	P5	0.0485	R6	0.0075	R2	0.0047	P2	0.0020	P2	0.0019	R10	0.0016
石嘴山	P7	0.6692	R9	0.1255	R11	0.0870	P5	0.0568	P6	0.0350	R1	0.0058	R6	0.0053	R6	0.0051	S8	0.0036	P2	0.0024
乌鲁木齐	P7	0.5398	R9	0.1557	R11	0.1394	P5	0.0727	P6	0.0389	R1	0.0226	S8	0.0090	R1	0.0062	R10	0.0035	P2	0.0028
昌吉	P7	0.7156	R11	0.1244	R9	0.1098	P6	0.0277	R1	0.0068	P2	0.0052	P2	0.0025	R6	0.0023	P3	0.0010	P1	0.0010
石河子	R9	0.2763	P7	0.2514	R11	0.2355	S8	0.1279	P4	0.0514	P4	0.0223	R1	0.0111	R10	0.0060	P2	0.0056	R6	0.0038

致 谢

本书得到了国家自然科学基金青年科学基金项目"面向系统效能的国家高新区创新脆弱性作用机理与优化调控"（编号：71602192）、中南民族大学学术专著出版资助的大力支持，在此表示感谢。

感谢研究课题组熊晓雪、王梦兰、韦玥彤、罗鑫、马妍等成员在资料收集、数据核验和文稿校对等方面所做的贡献。

在本书的写作过程中，参阅了大量国内外相关文献，借鉴参考了很多学者的研究成果，在此对所有文献作者表示衷心的感谢！